悦读季大家小书院

文言浅说

瞿蜕园　周紫宜　著

CHISO 新疆青少年出版社

图书在版编目（CIP）数据

文言浅说 / 瞿蜕园, 周紫宜著. -- 乌鲁木齐 : 新疆青少年出版社, 2024.2
（悦读季大家小书院）

ISBN 978-7-5515-3114-6

Ⅰ. ①文… Ⅱ. ①瞿… ②周… Ⅲ. ①文言文 – 研究 Ⅳ. ①H109.2

中国国家版本馆CIP数据核字（2024）第046021号

悦读季大家小书院

文言浅说

WENYAN QIANSHUO

瞿蜕园　周紫宜　著

出版发行	新疆青少年出版社有限公司
社　　址	乌鲁木齐市北京北路29号
电　　话	0991—6239231（编辑部）
经　　销	各地新华书店
印　　刷	三河市金泰源印务有限公司
法律顾问	王冠华 18699089007
开　　本	850mm×1168mm 1/32
印　　张	5
版　　次	2024年2月第1版
印　　次	2024年5月第1次印刷
书　　号	ISBN 978-7-5515-3114-6
定　　价	35.00元

新疆青少年出版社有限公司官网　http://www.qingshao.net

新疆青少年出版社有限公司天猫旗舰店　http://xjqss.tmall.com

CHISO 新疆青少年出版社

目录

前言

这部书的意图是为了帮助初学者能够理解文言的性质、特点、作用，培养阅读、欣赏的能力，进一步便能在实用上运用文言，而不是局限于一些理论。但总的说来，仍以提供有关的基本知识为主。

因此，全书分五部分，第一是古文的历史发展，从远古到近代，显示一个粗略的轮廓。第二是古文文法的特点，特别就文言与口语的对照，来帮助读者掌握虚字的用法。第三是通过古文选本的介绍，提供一些关于体裁、风格等等的说明。第四是学习文言的要点。第五是实际运用文言的范例。

第一第二两部分本来属于文学史及语法书的范围，现在只重点地介绍，以期简明扼要，便于读者的掌握。

在举例中，绝大多数取材于通行的《古文辞类纂》及《古文观止》二书，以期便于寻检。并此说明。

一、古文的历史发展

所谓古文

“古文”两个字可以有几种不同的意义。我们现在所说的古文，则是指与现代语体文相对的一切文言文。事实上，在五四以前，几乎一切正式行用的文章都是用文言写的，从上古一直到五四前的一个时期，在漫长的年代中，尽管文体经过很大的变化，在今天看来，都算是有别于现代汉语的文体。所以都可加上“古文”的名称。

当然，用文言写的不一定都是好文章。但是在旧时代里，著名作家们所写的，有不少精湛卓越、不可磨灭的作品，非但可供我们今天的师法、借鉴，而且事实上我们一直受到这些作品的影响，其中有些词汇、成语、语法以及修辞技巧，都还在日常应用的语文中活生生地继续使用着，并没有完全远离我们，所以值得欣赏、学习，汲取其优点。

作为一个文体来说，古文的名称起于唐宋。因为当时流行的文体，大部分是追求华靡形式的，语法也不很严格。通过几个先进作家的创导，直接采取了汉以前比较朴素的风格，加以变化，使其条理畅达，简洁有力，这种文体，名为“古文”。虽然名为古文，实际却含有革新的意义。由宋到明清，这种古文的影响逐步加深加广，为文学界所普遍接受，虽然仍旧名为古文，实际已经是比较符合时代要求的文体了。不过当时也还有两种文体不属于这个范畴。一是骈体，在美文方面仍然通用；一是制艺，在科举考试中是必须使用的。所以在那时代，古文别于那两种而言。

这种从唐宋以后兴起的所谓古文，是我们所要学习的主要部分，因而必须有清晰的认识。

上古的文章

不言而喻，上古的文字是非常简略的。我们所能看到的不过是些记事的文字，只用些实体词记载事实的概略，动词形容词都用得极少，其他介词连词都不如后来的多，所以读起来觉得枯燥质朴，没有情调。在古器物的铭文上看见的都是这种。从现在的习惯说来，还不能算是文章。然而也已经有了一些特定的表示语气。例如记事文在开始的时候总是用“惟”字引起下文。又如由此事以至彼事则用“乃”字（古字写作迺）以表因果关系。又如在颂祝的时候用“其”字表示希望。这些就是文言语法中的助字（虚字）所由来。逐步发展下去，这类的用语多了，于文气的抑扬转折，理路的层次脉络，就大有帮助，因而成为文言文的主要特征。

上古的用字几乎全不是我们所习惯的。非但我们今天不习惯，司马迁在西汉时代已经觉得《书经》的文字难于理解，所以不得不用当时通用的字来代替《书经》上的字，试举一节《书经》和司马迁《史记》的译文对照起来看。

允釐百工，庶绩咸熙。帝曰："畴咨若时登庸？"放齐曰："胤子朱启明。"帝曰："吁！嚚讼可乎？"(《书经·尧典》)

信饬百官，众功皆兴。尧曰："谁可顺此事！"放齐曰："嗣子丹朱开明。"尧曰："吁！顽凶不用。"(《史记·五帝本纪》)

从这里可以看出司马迁用的字确实距离我们近了一些。然而这不等于说《史记》的文章好过《书经》的文章。相反，《书经》有《书经》的优美风格，司马迁的翻译也不免破坏了原有的优点，变得直率无味了。假使司马迁按照他的自由意志来改写，必然会好得多。所以知道文章风格是各自独立的，并不因为时代远了就贬低价值。

至于用字，诚然各时代的习惯不同，然而也正因为一个意思可以用不同的字表达，才使我们的词汇日益丰富。

例如《书经》上的“庶”字和“咸”字，在今天看来，果然不如“众”字和“皆”字的熟悉，但是“庶”字和“咸”字也并没有完全僵死，一直还可以替换着使用。所以，由于悠久历史的积累，新的不断产生，旧的也存储备用，文言就提供了充裕的词汇资源，足以应付多方面的需要。像《书经》这样简括肃穆的文风，仍然是唐宋以后古文所追求效法的对象之一，特别在碑铭一类的文章中，更为适宜。

《诗经》

在助字使用方面，与《书经》表现相反趋向的，就是《诗经》。在《诗经》里，可以发见大量而且经常使用的助字。这些助字往往也是后人所不熟悉的。然而不难看出：凭借这些助字，语气就非常活泼生动，情调也非常宛转缠绵。因而大不同于《书经》和上古器物上的铭文了。举下列的句子为例：

于以采苹，南涧之滨，于以采藻，于彼行潦。（《诗经·召南》）

已矣哉；天实为之，谓之何哉。（《诗经·邶风》）

墙有茨，不可埽也。中冓之言，不可道也。所可道也，言之丑也。（《诗经·鄘风》）

第一例的语气多么从容美妙；第二例又多么沉痛；第三例又多么愤激！为什么能有这样细腻的语调，使我们读起来恰和听见作者亲口念出来一样呢？完全是由于助字的大量使用。这些助字多半属于“声态词”的性质，在当时本来就是按口语写出的，口中发出怎样的声音，笔底下就写出怎样的字，这样自然活泼而宛转了。到了后来，口语的语法上起了些变化，习惯就愈离愈远，有些助字的用法就完全不同了，譬如在第一例中，句子开始用“于”字，这在现代汉语中简直没有相当的字可以代替，因而很难体会其语气。至于第二第三例中的“矣”“哉”“也”等字，用法还和现代汉语中的某些字相当，所以我们读起来还亲切有味。

唐宋以后古文的特点就是适当运用这些助字，把它们容纳在语法规范之中。其结果就能使文言与口语保持着不太远的距离。

《论语》

文言文中的助字，到了孔子时代记录下来的议论和记事文章，才充分发挥了作用，现从传诵最广的《论语》，举下列一段为例：

> 长沮、桀溺耦而耕，孔子过之，使子路问津焉。长沮曰："夫执舆者为谁？"子路曰："为孔丘。"曰："是鲁孔丘与（欤）？"曰："是也。"曰："是知津矣。"问于桀溺，桀溺曰："子为谁？"曰："为仲

由。”曰：“是鲁孔丘之徒与？”对曰：“然。”曰：“滔滔者天下皆是也。而谁以易之？且而与其从辟（避）人之士也，岂若从辟世之士哉？”耰而不辍。子路行以告。夫子怃然曰：“鸟兽不可以同群，吾非斯人之徒与而谁与？天下有道，吾不与易也。”（《微子》）

这段的原意大略如下：长沮桀溺两人合伙耕田，孔子走过这里，派子路向他们探听一下过河的渡口。长沮说：“那位赶着车的是谁啊？”子路说：“是孔丘。”长沮说：“是鲁国的孔丘吗？”子路说：“是。”长沮说：“那他一定知道渡口在什么地方了。”子路又去问桀溺，桀溺说：“你是什么人？”子路说：“我名叫仲由。”桀溺说：“是鲁国的孔丘的门徒吗？”子路说：“是的。”桀溺说：“天下滔滔都是一样的，换来换去还不是这样？并且与其跟那避人之人在一起，何不跟避世的人在一起呢？”说罢还是不停地锄地。子路把这话回报给孔子，孔子甚为失望说：“鸟兽是没有法子合伙的，不同这班人一起，又同谁一起呢？如果天下太平了，我就不会同你们一道来改革了。”

试看这段叙事，层次分明，交代清楚，固不必说。在问津之下用一个“焉”字，在执舆之上用一个“夫”字，这都本不是必须用的字，但用了以后，就使人感觉前者显出停顿的语气，而后者显出提起的语气，在行文之中发挥着修饰的作用。孔子答话的时候，用怃然二字形容失望的神情，这又是文言中的特点，善于使用简练的语言表达复杂的情感。

再看一段孔子的议论文章：

季氏将伐颛臾。冉有、季路见于孔子，曰：“季氏将有事于颛臾。”孔子曰：“求！无乃尔是过与？夫颛臾，昔者先王以为东蒙主，且在邦域之中矣，是社稷之臣也。何以伐为？”冉有曰：“夫子欲之，吾二臣者皆不欲也。”孔子曰：“求！周任有言曰：‘陈力就列，不能者止。’危而不持，颠而不扶，则将焉用彼相矣？且尔言过矣。虎兕出于柙，龟玉毁于椟中，是谁之过与？”冉有曰：“今夫颛臾，固而近于费，今不取，后世必为子孙忧。”孔子曰：“求！君子疾夫舍曰欲之而必为之辞。丘也闻有国有家者，不患寡而患不均，不患贫而患不安。盖均无贫，和无寡，安无倾。夫如是，故远人不服，则修文德以来之。既来之，则安之。今由与求也，相夫子，远人不服而不能来也，邦分崩离析而不能守也；而谋动干戈于邦内。吾恐季孙之忧不在颛臾，而在萧墙之内也。”(《季氏》)

这样文义显露，娓娓动听的文章，只在《论语》中初次遇见，在以前是不会有的。《论语》的文章所以不同于以前的文章，主要是广泛使用的句首的助字，如“今”“夫”“今夫”，以及句尾的助字，如“与”“矣”“也”。一篇之中，反复数次地出现。这样一来，表达讲道理、论是非的语气就更为有说服力了。比前面所举的一例，又进了一步了。

孔子在听到将伐颛臾的消息时，就说：“求啊！这件事只怕做得不对吧！讲到颛臾，当初的先王原是让它坐镇蒙山地区的，而且它地处鲁国境内，是鲁国的臣属，为什么要去伐它呢？”冉有自己辩解说：“是季孙要这样办，其实我们两个都是不赞成的。”于是孔子说：“求啊！上古周任有句话说：‘各人按照各人的能力走上自己的岗位，如果没有能力就应当退下来。’如果看到盲人遇到危险却不去扶持，将要跌倒却不去搀扶，那又何必要什么辅佐的人呢。而且你这话也说错了，如果养的野兽跑出笼子来，贵重的宝物在匣子里受到损坏，试问是谁的过失呢？”冉有又说：“论起颛臾这个地方，是个险要所在，而又离费邑太近，不把它拿过来，必然会替后世子孙留下祸害的。”孔子说：“求啊！君子所恨的，就是不说自己想这样罢了，偏要找出理由来强辩。按照我的意见，无论当国当家，所怕的并不是缺乏而是不均匀，并不是贫穷而是不安定。因为均匀就无所谓贫穷，和谐就不至于缺乏，安定就不至于危险。既然是这样，那么，远方的人有不服的，可以采用和平的方法，引导他们来，来了就要使他们安定。现在呢，由与求，你们两人辅佐季孙，远方的人不服，并不能够把他们引导来，国内分裂破散，也不能够保持完整。倒要打算在自己境内使用武力，我恐怕季孙担忧的不是颛臾的事，而是自己家门内的事啊！”

两下对照，就知道句首的助字帮助“起、承、转、合”，而句尾的助字帮助语气的抑扬顿挫，这就是文言的特征。在《论语》中表现得最为显著，也最为明确。

《孟子》

到了孟子的时代，继承了《论语》的文法，又进一步增加了一些推论的词句，由简而趋向于繁。刚好有一段也是讨论冉求的议论文章，可以联系起来看：

> 孟子曰："求也为季氏宰，无能改于其德，而赋粟倍他日。孔子曰：'求非我徒也，小子鸣鼓而攻之可也。'由此观之，君不行仁政而富之，皆弃于孔子者也。况于为之强战？争地以战，杀人盈野，争城以战，杀人盈城。此所谓率土地而食人肉，罪不容于死。故善战者服上刑，连诸侯者次之，辟（闢）草莱任土地者次之。"（《离娄》）

按照孟子的口气，就是："冉求这人作为季氏的家臣，一点也没有改善季氏的行为，只是把赋税增加得超出以前一倍。孔子说：‘冉求不是我们的同道，你们这些后生小子简直不妨大张旗鼓攻击他。’照这样看来，为君的不行仁政，倒替他想法子弄钱，这种人都是孔子所要唾弃的。何况还要替他进行横蛮的战争呢？为了争夺一块地方而战争，就会杀死遍地的人，为了争夺一处城池而战争，就会杀死满城的人。就是这样为了追求领土而吃人肉，虽死也抵不了所犯的这种大罪。所以会打仗的，应该处以最严厉的刑罚，联合各国结盟的，次一等，开辟土地（为了备战）的，又次一等。”

孟子这篇文章用了“由此观之”“况于”“此所谓”等等推论语气的短语或字句，表达了更加复杂细致的意思，因而增加了文章的矫健。

孟子又特别善于变换使用句尾的助字来增加文章的生动活泼，例如：

> 万章问曰：“或曰，‘百里奚自鬻于秦养牲者五羊之皮，食牛以要秦缪（穆）公。’信乎？”孟子曰：“否，不然。好事者为之也。百里奚，虞人也。晋人以垂棘之璧与屈产之乘，假道于虞以伐虢。宫之

奇谏，百里奚不谏。知虞公之不可谏而去之秦，年已七十矣。曾不知以食牛秦缪公之为污也，可谓智乎？不可谏而不谏，可谓不智乎？知虞公之将亡而先去之，不可谓不智也。时举于秦，知缪公之可与有行也而相之，可谓不智乎？相秦而显其君于天下，可传于后世，不贤而能之乎？自鬻以成其君，乡党自好者不为，而谓贤者为之乎？”(《万章》)

按照现代语的口气就是：万章问：“有人说：‘百里奚以五张羊皮的代价把自己卖给秦国养牲口的人做奴隶，为的是借着喂牛向秦穆公谋求录用。’真有这事吗？”孟子说：“没有，不对。这是喜欢造谣的人造出来的。百里奚原是虞国人。晋国拿出宝玉和名马向虞国请求通过虞国的国境出攻虢国。宫之奇劝阻虞君不要答应晋国的请求，百里奚却不去劝阻。他知道虞君是不听劝说的，因而离开虞国去到秦国，年纪已经七十岁了。难道连用喂牛来干求秦穆公是件卑污的事都不懂得，这能算得明智吗？明知无法劝就不去劝，这能不说他是明智吗？知道虞君要亡国，就先离开到秦国去，这不能不说他明智啊！到了适当的时机，在秦国活跃起来，知道秦穆公是个可以合作而能成功的人，就去辅佐他，这能不说他是明智吗？辅佐他以后果然使他的君主显名天下，传于后世，不是个贤人，能够这样吗？若是为了成就他的君主而出卖自己做奴隶，乡里中但知洁身自好的人都不肯这样干，你说一个贤人肯干吗？”

凡是遇到反复深入分析问题的时候，这种文法是非常合适的。

同时还要注意：现代语有必须加字方能清楚的地方，文言是可以简省些的。然而是文法上的简省，不是修辞上的简省。在整个结构上只要发挥透彻，话虽多并不嫌多。这也是孟子文章风格的特点。当时的人就说孟子好辩，果然他是辩论的好手。

孟子是战国时代诸子之一，战国时代的诸子各有独特的文风，其中如庄子，尤其对后世的文学有着深切的影响。但是还远不如孟子影响之大。因为他是儒家的正统派，直接继承孔子，很久以来就把他的文章当作经书读，所以《孟子》和《论语》的文法已经成为一般文言文法的基础。

《左传》和《史记》

《左传》的时代差不多也就是孔子的时代，但是因为是史书，不妨把它和以后的《史记》结合起来看。

《左传》的文章包含叙事、记言、议论三种。先举记言的一种，以见一斑。

> 郑伯使许大夫百里奉许叔以居许东偏，曰："天祸许国，鬼神实不逞于许君，而假手于我寡人。寡人唯是一二父兄，不能共（供）亿，其敢以许自为功乎？寡人有弟，不能和协，而使糊其口于四方，其况能久有许乎？吾子其奉许叔以抚柔此民也。吾将使获也佐吾子。若寡人得没于地，天其以礼悔祸于许，无宁兹许公复奉其社稷，唯我郑国之有请谒焉，如旧昏（婚）媾，其能降以相从也。无滋他族，实偪处此，以与我郑国争此土也。吾子孙其覆亡之

不暇，而况能禋祀许乎？寡人之使吾子处此，不唯许国之为，亦聊以固吾圉也。”

这是郑庄公在打败了许国，占领了它，又建立一个新政权，由许国大夫百里负责，由许君的兄弟许叔做名义上的君主，把许国东边一部分地方划给他以后，对这新政权发表的一篇谈话。大意说：“许国这次遭到的灾难，实在是因为许君得罪了鬼神，鬼神差我来惩罚你们许国的。其实我连自己的几个亲骨肉还不能供养，哪里敢以战胜了许国夸功呢？我的兄弟都不能和睦相处，以至于流亡在外，还能够长久占有许国吗？还是你来拥戴许叔安抚这许国的人吧！我要派我的将军公孙获来协助你的。一旦我死了，也许天还会保佑许国，仍旧让许君来恢复统治，到那时候，我们郑国还可以同你们像亲戚一般往来，希望你们不会拒绝呀！只不要让其他的国家侵占，来同郑国相争夺，那就好了。果真那样，我的子孙只怕连挽救自己的危亡都无暇顾及，还能够占领许国吗？我把你安顿在这里，不仅仅是帮你们许国，也是为了巩固自己的边境啊！”

这样漂亮的词令，在《左传》中表达得生动极了。《左传》与《公羊传》《谷梁传》都是替《春秋》作补充说明的，只有《左传》的文采是这样丰富，而《公羊》《谷梁》（时代稍后）则比较简朴，尽管它们也有它们的优点。

《左传》的叙事和它的记言其实是分不开的，它的叙事所以能生动，也是由于中间夹着对话。运用对话来烘托事实，所以不是单纯的流水账形式，与议论也是分不开的，一方面就借别人的话表示意见，一方面还在必要时附加自己的意见。这样的做法，为后来的《史记》及《通鉴》所采用，因而都成为历史文学的综合体。

就文法来说，《左传》似乎比《论语》《孟子》使用的助字还要多些，例如："其敢以""其况能""无宁兹"，两个字不够，还要加成三个字，这样就更增加语气的委婉，多种多样的情调都能表达出来。

另外一点值得注意：《左传》用的复合词也增多了。例如：共（供）亿、抚柔、覆亡，都是《论语》《孟子》所不常见的，却与现代的语言习惯进一步接近。复合词的大量使用，说明人的思想是日趋繁杂的，而正确表达思想的要求也日益提高。

从《左传》的文法也可以看出它在后世所起的重大

影响。

《史记》的文章体制不同于《左传》，这自然是各有特点，也是由于语言在时代中的变化，有些字有了新的用法。试举一例：

> （郭）解姊子负解之势，与人饮，使之嚼，非其任，彊（强）必灌之，人怒，拔刀刺杀解姊子，亡去。解姊怒曰："以翁伯（郭解的别号）之义，人杀吾子，贼不得。"弃其尸于道，弗葬，欲以辱解。解使人微知贼处。贼窘自归，且以实告解。解曰："公杀之固当，吾儿不直。"遂去其贼，罪其姊子，乃收而葬之。诸公闻之，皆多解之义，益附焉。（《游侠传》）

这段记载描写郭解为人之公正讲理，只是把事实写下来，在人物的刻画上就具有极强烈的感染力。大意说：郭解的外甥倚仗舅舅的势力，同人家喝酒的时候，强迫人家干杯，那人酒量不济，就强行灌他。那人一时性起，拔出刀来把郭解的外甥杀死，然后逃走了。郭解的姐姐生气地说："像兄弟这样一生侠义的人，有人杀死我的儿子，凶手都不能替我抓到。"于是将儿子的尸身抛在路上，不去埋葬，要丢郭解的脸。郭解派人暗访，查出了凶手逃匿的地方。凶手没有法子，只得出来承认，把实际情形告诉了郭解。郭解说："你杀死他没有错，是我这孩子不对。"于是就把凶手放走，罪名加在他外甥头上，收尸埋葬了。一班人听见这事，都称赞郭解的正直，因此越来越拥护他。

原文是一百十字，写成现代语，就差不多要二百字，可见《史记》的文章，一般说来是劲健的。它善于用劲健的笔锋表达紧张激动的神情，像这段当中郭解的姐姐生气的那几句话，句首句尾都不用助字，愈生硬愈觉得逼真。

在这段中所用的形容词如"当"字作恰当、正当、适当，所用的动词如"多"字作重视、赞许解，都是新的用法，有的今天还继续采用，有的已经只在古文中发现，而现代语则必须另用其他字替代了。《史记》中包含的词汇是非常丰富的。

两汉的文章

从《史记》和《汉书》里可以发现成篇的文章，其中有论说，有奏议，有书札，有赋和杂文，这种成篇的文章，才是我们所谓古文的主要部分。一般古文选本是从这里开始的。像上面所提到的那些，多半作为专书处理，而不作为古文的文章，不过古文的来源离不开那些罢了。

西汉的文章，大体上继承经书和子书的传统，有时大量采用经书的成语，发挥书中的理论，有的采用子书中寓言、譬喻的方法，承袭和模仿的痕迹是很显明的。其特点是文气宽博，如同高山大河，有纵横起伏、浩荡雄深的气势。在司马迁《报任安书》中可以体会到这样的文气。

夫仆与李陵俱居门下（官门下），素非相善也，趣舍异路（各走不同的路），未尝衔杯酒、接殷勤之余欢。然仆观其为人，自守奇士（自然是个奇士），事亲孝，与士信（对部下守信用），临财廉，取与义（自取及与人都合道理），分别有让，恭俭下人（谦卑），常思奋不顾身以殉国家之急。其素所蓄积也（平日的抱负），仆以为有国士之风。夫人臣出万死不顾一生之计，赴公家之难，斯已奇矣。今举事一不当，而全躯保妻子之臣随而媒孽其短（说他的坏话），仆诚私心痛之。且李陵提步卒不满五千，深践戎马之地，足历王庭（匈奴政府所在），垂饵虎口，横挑强胡，仰（对）亿万之师，与单于连战十余日，所杀过当（所杀的超过被杀的）。虏（敌）救死扶伤不给（不暇），旃裘（匈奴服装）之君长咸震怖，乃悉征其左右贤王（匈奴贵族的称号），举引弓之人（能射箭的人）一国共攻而围之。转斗千里，矢尽道穷，救兵不至，士兵死伤如积。然陵一呼劳军，士无不起，躬自流涕，沫血饮泣，更张空拳（没有箭的弓弩），冒白刃，北向争死敌者。……

这与上面所举《史记·游侠传》的一段，风格绝不相同。前者精练简括，后者有自己的感情在内，含着极端的悲伤愤慨，一口气淋漓吐出，不假修饰。就因为随口而出，不假修饰，才是真的，而不是有意做出来的，西汉的文章大概都是这样。

到了西汉的末期，文风就逐渐变得整齐，不经过修饰不行了。《汉书·匡衡传》载有他的一篇奏议，其中两句是："情欲之感无介乎容仪，宴私之意不形乎动静。"这样整齐的句法，字面和音调都恰恰匀称相配，如果单抽出来看，简直不像是汉代的文章，倒像六朝的骈文，这就是由散变骈的预兆。到了东汉，就减少西汉那种雄直的气势而趋向于精深细致一路了。试引崔骃的《政论》一段为例：

> 夫熊经鸟伸，虽延历之术，非伤寒之理；呼吸吐纳，虽度纪之道，非续骨之膏。（意思说：体操和气功虽能延年益寿，但不能靠它来医伤寒、治骨伤）。盖为国之法，有似理身，平则致养，疾则攻焉。夫刑罚者，治乱之药石也；德教者，兴平之粱肉也。夫以德教除残，是以粱肉理疾也，以刑罚理平，是以药石供养也。（《后汉书·崔骃传》）

东汉人发现了这样的作法，可以把道理讲得更清楚，更能深入人心。于是在单行的形式以外，又添了一种排偶的形式，以后逐渐发展，就成为所谓骈文。

当然，事实上不可能所有的文章都用排偶的形式，所以东汉到魏晋的文章往往是整散兼行的，例如人人爱读的诸葛亮《出师表》中有一段：

> 亲贤臣，远小人，此先汉所以兴隆也；亲小人，远贤士，此后汉所以倾颓也。先帝在时，每与臣论此事，未尝不叹息痛恨于桓灵也。侍中尚书、长史参军，此悉贞良死节之臣，愿陛下亲之信之，则汉室之隆可计日而待也。臣本布衣，躬耕于南阳，苟全性命于乱世，不求闻达于诸侯。先帝不以臣卑鄙，猥自枉屈，三顾臣于草庐之中，咨臣以当世之事，由是感激，遂许先帝以驱驰。后值倾覆，受任于败军之际，奉命于危难之间，尔来（自此以来）二十有一年矣。

这就是整散兼行的范例。这种文章给人以沉静平实的感觉，又换了一种境界。

六朝人的“文”与“笔”

魏晋以后直到唐初，骈文占了优势，古代质朴的文风变得愈来愈华靡了。著名的文学理论专书——《文心雕龙》就是用骈体写的。但是六朝人仍然行用两种文体，骈体名为“文”，而散行的名为“笔”。在笔的方面，他们使用了当时的口语，与传统的文言文法融合起来，因此产生了一定的新鲜感。举《世说新语》一则为例：

> 晋明帝数岁，坐元帝膝上，有人从长安来。元帝问洛下消息，潸然流涕。明帝问何以致泣，具以东渡（南渡）意告之。因问明帝：“汝意谓长安何如日远？”答曰：“日远。不闻人从日边来，居然可知。”元帝异之。明日，集群臣宴会，告以此意，更

重问之。乃答曰:“日近。”帝失色曰:“尔何故异昨日之言邪(耶)?”答曰:“举目见日,不见长安。”

这里“有人从长安来”的六个字和今天的口语简直没有区别,但在汉以前,“从”字一定不用而用“自”字。可见文言与口语同时在变化中。而六朝时期的变化与我们今天的关系最深。例如现在口语中“这个”“那个”“的”“他”等字都是从那时期继承而来的,不过有的字写法不同罢了。这说明文言与口语是有接近的趋向的,当然,也有些词汇现在不再行用,因而不易了解。

像《世说新语》这样的文风,有很显著的特点,就是平平淡淡,不费气力,不装腔作势。上例一段中,句头句尾也都不用助字,只在末后一个问句用一个“耶”字,表示这是当失望的时候用迟疑的口气说的。少用助字,也能使语意十分清楚,读起来使人感觉沉静,这是《世说新语》的特长。

与《世说新语》方向稍微不同的是《水经注》,《世说新语》不是没有词藻,而是词藻淡素,《水经注》则较为明秀。《世说新语》的故事性强,所形成的典故和成语已经为后世所普遍采用，脍炙人口;《水经注》则以描绘自然景物为专长，后人作游记一类的文章很能从其中得到启发。举例如下：

> 自三峡七百里中，两岸连山，略无阙处。重岩叠嶂，隐天蔽日，自非亭午夜分，不见曦（日）月。至于夏水襄（上）陵，沿溯阻绝。或王命急宣，有时朝发白帝，暮到江陵，其间千二百里，虽乘奔御风，不以（更）疾也。春冬之时，则素湍绿潭，回清倒影，绝巘多生怪柏，悬泉瀑布，飞漱其间，清荣峻茂，良多趣味。每至晴初霜旦，林寒涧肃，常有高猿长啸，属引凄异，空谷传响，哀转久绝。故渔者歌曰:“巴东三峡巫峡长，猿鸣三声泪沾裳。”

注意其词藻之丰富华美，造句之整齐精练，这样的题材与这样的风格确是配合适当的。以前的古书中虽然也不是没有片段文章与此类似，但总还没有充分发展过。汉赋中描绘自然景物的也不少，但偏于用浓厚的渲染来表达，不像《水经注》手法之空灵轻秀。这对于后世写景抒情的文章起重大影响，唐宋古文中记序一类，尽管并不袭取其外表形式，实际上是一脉相承的。

到了六朝末期，特别在南方文坛上起了一种惹人厌薄的风气，无论什么文章都不免涂上一层艳丽的色彩，三言两语总离不了风云月露和妇女容饰的描绘。当然在这时期中也有优秀的作品，不过一般的作品只有外表而无内容，到后来就连外表也不新鲜了。于是在北周有苏绰等人创导复古运动，企图把文体扭转到秦汉之前，在当时也是对骈文滥调必然的反感，但单纯的复古究竟是行不通的。只是昙花一现就偃旗息鼓了，以后的二百多年仍旧是骈文盛行的时代。

元和古文运动

唐代的中期，渐渐有人将呆板的骈文变得灵活一些，但是不能完全脱离骈文的气息。只在元和时代（第九世纪的开头），韩愈、柳宗元、刘禹锡等人重新提出改变文体的主张，白居易、元稹也以新的文体试行应用在朝廷的诏敕上，风气才为之一变。韩愈尤其是大力的倡导者，他有他的鲜明具体主张，一贯不移地将他的主张贯彻在他的作品中。他的主张可以归纳为主要的两点：一是以文章为手段达到重整儒家道统的目的，同时又借着“卫道”的旗帜来宣扬他的文章。二是不在形式上恢复古文的面目，却采取古文文法与当时习惯相结合的办法来找出一种易于遵守的规律。按照他自己的话，前者就是所谓“文以载道”，后者就是所谓“文从字顺”。这两种主张，都是适合当时的要求而注定能成功的，因为重整儒家道统是堂堂正正的旗鼓，为统治者及中上层知识分子所一致赞同，而在文风萎靡、语法混乱的环境中形成一种整齐划一的格式，也是大众所欢迎的。

韩愈的确领导了这一运动而成功。他的文章吸收了以往各种文章的优点，推陈出新，变化无穷。特别是吸收了《孟子》《左传》，以及西汉人文章的特点，所以气势雄俊而流畅，词句脱弃庸俗而又不流于艰涩。他又把汉以前可以采用的文法都采用了，不适用的就绝不混用，实际上他自己的文章就是文法的范例。按照韩愈的文法作出来的句子是不会不通的，违反他的用法就会格格不入。他有承先启后之功。他以前的经书、子书、史书，凡与他的文章格式相合的，后人读起来都比较容易懂，他的文章所不用的那些不规则的格式，就都因后人不熟悉而成为过去了。在他以后所有的文言文，可以说都是以他所采用的文法为基础的。

韩愈对后世文坛的影响非常深远，然而在他的生前并不如在他的身后。他的著名作品之一《平淮西碑》是一篇极古雅的文章，赞许的人虽也不少，但是被人攻击了以后，皇帝另外派段文昌改作一篇，依然是用骈体作的。可见他在当时，究竟还是敌不过相沿已久的骈文势力。过了二百年之久，北宋初年又出现一些讲古文的人，最后经欧阳修的大力提倡，韩愈的优势地位才确定下来，他这种古文才被公认为正宗的文体。从此以后，古文的形式就再没有大的变革了。

与韩愈同时以古文著名的柳宗元，虽然主张与韩愈没有显著的不同，却仍然走着不同的路径，在作品上，也表现了不同的面貌。柳不像韩那样装腔作势，开口闭口总是一套空洞的大道理。他的思想深湛，不经鞭辟入里的话是不形于笔墨的。韩从《孟子》入手的成分多，而柳在先秦诸子中近于名家法家，又吸收了佛经的精华，表现高度的逻辑性。韩以广大见长，柳以精微见长。他们两人彼此都有自知之明，也不强求一致。但有一点是两人共同的，文法都非常严格。而柳在用字上更加精审。

以韩柳为首，加上北宋的欧阳修、王安石、苏洵、苏轼、苏辙、曾巩，称为唐宋八大家。这就成为一千年来所谓古文的中心人物。除韩柳已经说明以外，其余六人当然都是拥护韩的，不过文章风格仍然各有不同。王安石稍微倾向于柳，三苏则近于韩的成分多些，欧曾二人虽然学韩，却没有韩从西汉人得来的那种雄直之气，所追求的是姿态上的清微淡远。

唐宋八大家这个名称从明末的归有光开始，大肆标榜。到了清代，以方苞为首，继之以刘大櫆、姚鼐，更加大力鼓吹，把所谓古文定成相当狭隘的范围，专以八大家为师法的对象。因为方苞以下都是安徽桐城人，就出现“桐城派”这个名称。在近二百年左右在文坛上拥有不小的势力。

桐城派的主张是什么呢？他们认为古文有一定的“义法”。什么叫“义法”？据说这是桐城派的始祖方苞从《史记》中找出来的两个字，作为古文的准则。至于怎样去理解这两个字，也从没有说明白过。大约可以这样说吧：谋篇布局、命意遣词，都要经过一番用心，而不是随手拈来，平铺直叙的；在结构上要有开阖擒纵、进退反正的种种变化；而在词句上要符合韩柳以下的传统习惯，不用华靡的字，也不用俗语中的字，要典雅，却不要奥僻。总而言之，只有成篇的文章才算文章。著书立说的，以及随笔小品或是应用文等等都不算。所以义法之说只能适用于狭义的文章。而真正古代的文章倒未必符合他们所谓义法的。

再讲得透彻一点，古文家所谓义法，大约有几种禁令。比如俗语是不能写入文章的，一篇之中是不能没有前后照应的，多余的话多余的字是要避免的。太直率的话也是要避免的。

南宋以后的文体

一般说来，整个的宋代已经完全以古文为通行文体，不过不像清代的桐城派那样墨守范围。尤其在南宋，像洪迈、陆游等人的随笔文，不用古字，甚至有时还夹杂当时的口语，却并不妨害其为典雅。不讲结构，不弄腔调，不费气力，读者自然感觉舒畅，这说明古文逐步进入了适合实用的阶段，不再是专供少数文章家自己欣赏的了。我们应当注意：由唐到宋，二三百年之间，文体就有不小的距离，而由宋到近代，这一千年之久，口语变化多，而文言变化却少，我们了解宋人的文章比宋人了解唐人的文章还要容易些。这应当归功于古文运动所起的普及作用。

另外一点，南宋人又加深了古文对群众的影响。朱熹用他的平正而精确的文体作经书的注释，使经书容易懂了，这种新兴的文体自然大有助于文化传播，在科举制度中就形成了以朱注文体为考试文标准的一贯趋向。朱注文体发展到了顶点，又变成文学家所厌恶的制艺或时文，在正统的古文家看来，也是极不足取的。无奈七百年中士人都要由此进身，从小就是读的这个，学的这个，怎能脱离其影响呢？而且时文的本身虽然不好，它的构思推理，也有训练人们走向细密深入一路的益处，因而对于语法的整齐就范，也有促进的作用。

明代也有人对平庸的文风起厌薄之感，于是追求冷峭别致，他们也有一定的成就，不过究竟没有多大号召力，对于整个文坛没有引起特殊变化。

比较活跃的还是清代的文坛。除了正统古文派得到很多支持者以外，在魏晋六朝的废墟上希图建立新东西的也不乏人。他们并不完全是复古，而是别树一帜。另外，清代的特色是考据之学，而考据家也另外有一种学术性的文章，这不但是正统派古文所排除的，也是以前历代所未曾有的。由于学术研究之日益提高加深，新的文体自然应时而兴，不是旧的规格所能限制。

即以桐城派的古文而论，也显示了清代的特色，并不与唐宋八大家完全吻合。因为清代的应用文，如公牍，如书简，已经另成一种格式，远不与唐宋时代相同，即与明代也有分别。桐城文毕竟也不能不受时代影响，不是一味追求古雅的。

一般说来，清代古文的趋向是注重条理清楚，格局整齐，力求平正通达的。因此，与我们距离较近，也容易学。

比较近代的变化

文言的形式到了清代最后一时期，出现更大的变化。这是因为与外国语文接触的关系。当我国的学者企图翻译西方文学的时候，首先要考虑一个问题，就是用什么样的文体才合式。由于所要翻译的书主要是学术性的，而这种学术性的文字，只有和我们的子书比较接近，所以一时的趋势，突破了久占优势的桐城派，也排斥了更不入时的骈文。不但译书主要模仿子书中说理精深的词句，连传统的读经读古文的风习也动摇起来了，打开了广泛吸收古书中精华的门路。有人就感觉中国没有一项标准的文法书，对于文化传播有障碍，于是仿照西方文法的原则，从古书中找出文法规律来。这是确有帮助的。从韩愈以来到桐城派的人物，都有此心，可是说不出所以然。现在总算接近解决了。

将西方说理的文章与先秦诸子相结合，是文坛上的新鲜事物。这是第一步。

第二步又由学术而影响政治，改良派的开明人士需要向群众大声疾呼，唤起共鸣，于是创出一种辛辣激烈、痛快淋漓的文体，用在报刊上，果然发生可观的效力，足以左右一世。这种文体，不但远离了历代的传统，连同时还存在的桐城派古文也有退却的表示了。因为这种报刊上的文体虽然还保留文言所常用的助字，实际已经和口语接近，而且口语也因此而起了变质的作用，报刊上的词语都介绍到实际语言中来了。这就自然引导到书面文字采用语体这条路上。

过去有一个时期，出现文言与语体的争论，一部分喜欢古文的人不赞成用语体写文章。其实古文早已在时代的前进中不断起了变化。清代的所谓古文已经不是宋代的古文，宋代的古文也有别于唐代。有了新的事物，自然有新的意境，就必须用不同的语言来表达。至于前人所积累下来的优点，当然必为后人所吸收继承。我们在今天还要重视古文，就是这个道理。

二、古文文法的特点

古文中的字和词的用法

作为一个现代的人，要理解古文，并且掌握其中的基本规律，从而能吸收、运用其优点，就需要些常识。

第一步是字和词的用法，第二步是文法。

首先谈字的用法。

古代的字一直沿用到现代的，大概都是些自然现象和常见的事物。例如天、地、云、雨、山、水、牛、马、花、叶、衣、带、笔、墨之类，这些简单的字古代是什么意思，今天仍是什么意思。但古今仍有不同之点。古人所用的字有些是远较今人所用为复杂的，例如同一山字如果要区别是什么山，我们只需加个形容词，如大山、小山、土山、光山就行，而古人却可以为了不同性质的山造出不同的字。又如马，我们区别起来，只说老马、小马、公马、母马，而古语也各有各的名称，甚至几岁的马名叫什么，什么颜色的马叫什么，都有特别的字。因此，文章里有时使用古字，可以提高用法的正确性。而且为了丰富用语增加变化，还有必要使用替代字，例如一个笔字，有时觉得用得太多，或者太直率，又可以用“毫”“翰”等字来代替。

在动词方面也有同样情况。比如手拿东西，我们现在只用副词或附加语来表示怎样的拿法，在古语中就提供了很多的字来可以直接使用，例如执、持、秉、握、援、擎、举、把等字，各有各的适当用途，如果用得得当，是可以使文章更加精练简括的。

动词和形容词都有古今用法之不同，我们现在说“走”，古文中只能是“行”字，而古文中的“走”，现在就要说“跑”，例如走马、走狗，就是现在说的跑马、跑狗。但是古文中还有不少与现在的“跑”字同义的字，如驰、骋、骤、奔等，又不是一个“走”字可以包括的。我们现在说“快慢”，在古文中绝对不能这样说，有的该说“迟速”，有的该说“缓急”。不但用法不同，而且分别得更为细密。

有些动词须有宾语的，在古文中往往不必要，例如道谢只用谢，住家只用住，这说明古文的简练。

形容词有时和名词一样，有些在古文中各有各的特定意义，而口语中就只用一个字作总代表，而以附加的字细加区别。例如红的颜色，古文可以用丹、朱、赤、绛、绯、红等，而口语只用一个红字，而用大红、桃红、朱红、水红、粉红等词来表示不同的红。

这些都是说古文与现代语的用字有距离，现代语中的字往往不能用在古文中。为什么不能？主要是由于文法有些不同。另外有个原因，就是习惯的关系。

从表面看来，古文和现代语的用字也有些距离不远的，只要互换一下就行。例如“之”和“的”，“此”和“这”，还有本来就是一个字，只是写法不同，读音也略有变化，例如“亦”字在今天就变为“也”字，“尔”字在今天就变为“你”字。不过仍然被文法上的问题牵制住，不能这样简单说。

其次，谈字的组合问题，在古文中，有几点值得特别注意。

我们要知道，尽管古文是与骈文对立的，并不讲究对称和整齐，然而事实上仍然有些对称和整齐的倾向。首先，字的组合总是双的，例如“分崩离析”，就是两个两个的两组。假如只有一个字好说，就必须凑一个字上去，例如：“老弱转乎沟壑，壮者散而之四方”（《孟子》），老弱是两件事，壮是一件事，所以必要加个“者”字好配上，单说一个壮字是断断不行的。

当然，名词不可能全是双数字，但如果是三个字的也往往在便称、简称，或敬称的时候改成两个字，例如太史公称史公，侍御史称侍御。甚至人名也可以压缩，例如司马迁称马迁，齐桓公称齐桓（不过蔺相如不能称蔺如，也还有习惯的关系）。

因此，又须要知道：语体文要用连词把几个名词连起来的时候，在古文往往是不需要的，比如“风雨”“天地人”“韩、魏、燕、赵、齐、楚、宋、卫、中山”。除非意在特别加重两个或几个之间的关系，才加上“及”“与”等字。

其次，形容词及副词广泛使用三种形式：（一）双声，就是说上下两字辅音相同而元音不同，如渺茫、慷慨、辉煌、淋漓;（二）叠韵，就是说上下两字元音相同而辅音不同，如迢遥、徘徊、灿烂、猗靡;（三）叠字，就是同样的字重叠使用，如悠悠、依依、拳拳、落落。其实在口语中也常有这样的用法，不过古文中格外丰富细腻罢了。

另外还有一种带然字的用法，单字如悠然、孑然、勃然、萧然，双字如茫茫然、兢兢然。双字的下面，有时可以不用然字而用焉字。又有少数可以不用然、焉而用乎字或尔字的，这也要看习惯，不能一概而论。这却是口语中没有的。

又其次，人身代名词如我、你、他，在古文中总是避免使用的。特别是第一人称，在口语中实指“我”的时候，如果必需，在古代往往用自己的名字，或者其他谦称，如仆、臣、愚、不佞之类。对第二人称也是如此，除非自己是尊长，才用“尔”“汝”等字。至于对第三人称则往往重复举其名或物。完全相当于现代语的“他”或“它”的字也总是不用的。

因此，可以知道古文是更加“文饰”的，一切词语都需要斟酌适当的分寸。

又其次，古文的词语是讲究有来历的。所谓来历，就是汉代人以经书为来历，唐以前的人又增加到以秦汉及后世的经典著作为来历，唐以后的人又增加以唐代名家所用的为来历。没有来历就要嫌其粗野生硬。

来历包括典故和成语两种。前者如墨子善于守城，不易被人攻破。因而就用“墨守”二字表示坚守不移，这就是用典。但是久而久之，用得熟了，可以略略转移了原来的意思，因为墨子的守城本来是件好事，而后来用“墨守”就有点顽固不化的意思。可见典故所代表的与典故的本身不一定完全一致。后者如《书经》有“友于兄弟”这句成语，后来就把“友于”二字作为兄弟的代称。又如《易经》乾卦有“九五飞龙在天”这句成语，后来就把“九五”二字作为皇位的代称，因为飞龙是做皇帝的象征。这样的成语运用本来有点牵强，几乎有点像歇后语或隐语，但在古代已经成为普遍的习惯，也就不觉奇怪了。

以上两种方法如果运用适宜，可以增加古文的色泽，并且可以用简单的字传达难于传达的意思。常用而容易了解的成语，例如:“进退维谷”“不言而喻”“得其所哉”“谈何容易”等等，都早已吸收到口语中，假如要把这种文言译成语体，反而不能恰当了。

助字的用法

现在再谈古文的文法。所谓古文的文法，基本上不是在汉语文法以外完全另有一套。只是在古文有一种特殊的助字，即旧时所谓虚字，用法是不能与语体文相比附的。但是在说明的时候，仍然不得不勉强相比附以求其易懂。

以下选出一些最基本的助字说明其种种用法。

（一）之

大家都知道："之"就是口语的"的"。然而一般说来只有名词在领位或名词之前有形容附加语（形附）的时候，才可以用之字。前者例如："臧氏之子"（《孟子》），用"之"字是可以的。后者例如："万乘之国"（同上）也是应该用"之"字的。但一个简单的形容词和简单的名词之间，口语用"的"，文言却绝对不可用"之"，例如：红的花绝不能说红之花，强的弓绝不能说强之弓，但可以说鲜红之花，强劲之弓。有人问：书上不是常有"古之人"这句话吗？不错，但这古字是作为“古时候”用的，是名词与名词的联系，不是形容词与名词的联系。

还有，口语“的”以下没有字的，这种“的”字在文言也不能用“之”而必须用“者”，例如：“七十者可以食肉矣”，换成口语就是：七十岁的可以有肉吃了。

还有，将两件事情联起来的句子，文言用“之”字最为得神，而口语反以不用“的”字为妙。例如“孤之有孔明，犹鱼之得水也。”（《三国志》）口语是说：我有了孔明，犹如鱼得了水一般。文言中这种句法是最常见的。

其次，大家也都知道：“之”可以作为外动词的宾语，等于口语的他或它。例如：“其如是，孰能御之”（《孟子》），意思是果然这样，谁能挡得住他？因此，这种之字一定是在动词后面的。不过口语中这种他或它往往是省略的，文言倒不省略，例如：“尽心力而为之”，口语最好是说：尽心竭力做起来。不一定说：尽心竭力把它做起来。“由此观之”，口语最好是说：从这一点看来。不一定说：从这一点把它看看。

“之”字作为外动词宾语还往往是倒过来用的。例如，“盖有之矣，我未之见也。”“我未之见”其实就是“我未见之”。但古文必要这样，才觉劲挺有力。

“之”字的用法是作为口语的“到”。如“将之楚”（《孟子》），就是将要到楚国去。这是很简单的。不过也要明确不是单纯的“到”，而是到某处去。更为正确的说法是：“之”等于“往”，上面一例最好是译成“将往楚国”。口语中并非一切的“到”，文言都可作“之”。

之字有时虽然好像是外动词的宾语，但这个宾语并不是实在的任何东西，而只是一种语气。例如：“天油然作云，沛然下雨，则苗浡然兴之矣。”（《孟子》）这个“兴”字，在口语中也可以说兴他起来，但他字是无所实指的。至于常用的复合状词，如：久之、次之之类，简直就没有白话可以替代。

总之，“之”字固然基本上可以当作他或它，但并不是文言所有这类的“之”字都可以说成他或它的。

（二）其

“其”就是口语中的“他的”“他们的”，或“它的”。这是大家都知道的。不过有时文言中的“其”字好像直接就等于“他”，并不是“他的”。但这是错觉。例如：“何为其号泣也？”（《孟子》）口语一定是“他为什么哭”，而不是“他的哭为什么”。在文言，这句中的“其”，仍然是作“他的”用的。总之，原则上“其”字绝不能当“他”用。

另外，“其”字有作“这种”用，例如：“长君之恶，其罪小；逢君之恶，其罪大。”（同上）（意思是：养成君的罪恶，这种罪还是小的；助成君的罪恶，这种罪就大了。）

还有，“其”字可以有假定的意思。例如：“其济，君之灵也。”（《左传》）（假定成功，那是您的福气。）不过这种“其”字，根本上还是作为“它的”用的，意思是说：“这件事的成功”，“这件事”就用“它”来代替，而“它的”就变为“其”。从严格的语法来讲，是这样的。不过我们现在不是专论语法，应该注意到文言的语气究竟与哪一种口语的语气相当。

还有，“其”字可以有希望及怀疑的意思。例如：“吾子其入也！”（你还是进去吧！）“诸侯其来乎！”（均《左传》）（诸侯会来吧！）“其然，岂其然乎？”（《论语》）（是吧！果真是吗？）在汉代，诏书中常用“其”字表示命令，这在口语中就没有适当的同义字，也没有恰当的方法来表达这种语气。

还有，“其”字可以作为一种提起下文的语助字，例如："其藏之也周，其用之也徧。"（《左传》）（讲到收藏的方法，是周密的；讲到使用的方法，是普遍的。）本来这里的"其"字基本上还是说：它的收藏法，它的使用法。不过从语气来讲，就应该从另一方面去体会了。

此外，应该知道：有些"其"字是与别的字联起来而成复合助词的。我们经常说，其他、其余、其中、其次。在纯粹的文言中，则有：何其（奚其）、与其、岂其、惟其、其何以、其所以等。

（三）者

大家都知道："者"字等于口语中某些"的"字。例如："从先生者七十人。"（跟先生的有七十个人。）其实这个"的"是"的人"的省略，所以也可以说像这样的"者"字也是"的人"的省略。前面举过"壮者"一例，正是说壮年的人。不过不一定指人，比如说"古者"，就是指古的时代，"何者"，就是指什么道理，"或者"就是指可能这样的情况。

无论指人，指时代，指理由情况，总之，"者"的上面是形容的词句。词句可以是极长的，例如："入则无法家拂士，出则无敌国外患者，国恒亡。"（《孟子》）意思就是：

有这些情况的，国家往往会亡。所以“者”字上可以只有一个字，也可以有无数字。另外有一种常见的用法，等于口语的“是”。例如：“妻者齐也。”(《礼记》)(妻就是齐的意思。)这样的情况，“者”字必须与“也”字相呼应，单用“者”字，很难站住。不过“者……也”的用法，只有用在加重语气的时候，一般也不必要。如果说：“妻，齐也。”同样是常见的说法。

再举一个例：“弈秋，通国之善弈者也。”(《孟子》)(弈秋是全国最善于下棋的人。)按照上面所说，也可以作：弈秋者，通国之善奕者也，那么，这就显出一句中两个“者”字的不同，后面的“者”字就是开头所说的“的人”了。

所以，几种用法的“者”字碰在一起的时候，是可以节约使用的。上面就是省去一个者字的例子，又如“所以者何！”(所以如此理由是什么呢！)原来应该说“所以者何也”，也字可以省去。

(四)于

大家都知道“于”字是一种关系词(也叫介词)，相当于口语中的“在”。但是文言中“于”字的用法颇为复杂，有的表示方向的关系，有的表示方面的关系，有的表示比较的关系，有的表示观点的关系。

表示方向关系的，如“固而近于费”(《论语》)，就是靠费这边接近。又如“子华使于齐”(《论语》)，就是到齐国那边出差。

表示方面关系的，例如：“于赵则有功矣，于魏则未为忠臣也。”(《史记》) 意思就是：在赵国这方面，是有功的，在魏国那方面，却算不得忠臣。

表示比较关系的，例如：“以予观于夫子，贤于尧舜远矣。”(《孟子》) 第二个于字就是表示比尧舜更贤明得多。第一个于字仍然是偏于方面关系的。意思是：依我在夫子方面观察。再举一个例，如：“青，取之于蓝，而青于蓝。”(《荀子》) 第二个于字就是表示比蓝靛还要青些，第一个于字仍属于方向关系，意思是从蓝靛当中取出来的。

表示观点关系的，例如：“不义而富且贵，于我如浮云。”(《论语》) 意思就是：在我看来，就同浮云一样。语体若省去看字，单说：在我，也未尝不可，不过不够流畅。

一般说来，这种关系词不能省略，一省略就会失去原意。凡是主动式动词后面的宾语，不能有“于”字，有了就变成被动式，例如青出于蓝，这个“出”是被动式动词，所以必须有“于”字，如果说“青出蓝”，没有“于”字，那就变成蓝靛从青中出来，成为不通的话了。

但是从上面几个例子看，如果把内动词作为外动词，外动词下面那个字当然不需要用“于”字了，比如近于费可以说成近费，使于齐可以说成使齐，观于夫子可以说成观夫子。

然而还不是这样简单。文言文法有高度的灵活性，在“不言而喻”和“约定俗成”的情况下，好像怎样都可以，不能用呆板的条规来限制。我们现在谈到“于”字，就可以体会到这种特性。例如“秦始皇大怒，大索天下”（《史记》）这句话，“天下”是不能索（搜查）的，可以说索的是天下的人，而“的人”就不需明说了。其实这里的原意还是说大索于天下，可是于字省略了。

又如：“橘生淮南则为橘，生于淮北则为枳。”（《晏子春秋》）橘怎能产生淮南呢，自然是说橘生于淮南。可是在第一次省去“于”字，第二次又并不省，先省后不省可以，先不省后省也可以，都省也可以，都不省也可以。

最妙是《孟子》中有一段记事：“昔者有王命，有采薪之忧，不能造朝。今病小愈，趋造于朝。”先说造朝，后说造于朝，第一个造字作为外动词用，第二个造字作为内动词用，所以一个不要“于”字，一个要“于”字。但这是我们在这里谈文法理论，其实古人所做文章并没有计较到这些，不过末了用“造于朝”，多一点的停顿和加重的意味而已。

另外，有种习惯的问题，几乎没有规律可言的。例如：“圣贤生于其时，亦无以立于天下。”（柳宗元文）“生”“立”都是内动词，都用“于”字是正确的，但是也可以省去第一个于字，单说生其时，也很通，很好，然而若说起其时，兴其时，就不大好了。

此外，“于”字推广起来，又有“至于”“于是”等复合助词，比较易懂，不须赘说了。

（五）而

“而”字的用法，在口语中也不容易有适当的说明。可以这样说：基本上是用来联合两个形容词或动词的。前者如：“华而睆，大夫之箦与？”（《礼记》）华是华美，睆是工细。两者平列。后者如：“博学而笃志，切问而近思。”（《礼记》）博学、笃志，切问、近思各为一组，也是两者平列。

所以“而”字首先用来联合平列的词句。

继而则联合之中又分层次，例如：“胡人不敢南下而牧马，士不敢弯弓而报怨。”（贾谊文）南下、弯弓是第一步，牧马、报怨是第二步。

又继而联合之中又分反正。例如：“躬自厚而薄责于人。”（《论语》）躬自厚是一面，薄责于人是相反的一面。在语体中就必须用“但”“却”“可是”等等的词来表示了。

推广起来，“而”字可以表示以这一部分的词语说明那一部分的词语。例如：“有荷蒉而过孔氏之门者。”这是用荷蒉来说明过孔氏之门者。过孔氏之门的是什么人呢？是那荷蒉的（挑草篮的人）。又如：“有一言而可以终身行之者乎？”（均《论语》）这是用可以终身行之者来说明一言。是什么样的一言（一句话）呢？是可以终身行之的一言。

以上如“荷蒉”，如“终身行之”，都算是形容附加语，还有状词附加语也要用“而”字的。例如：“必不得已而去，于斯三者何先。”（《论语》）这“必不得已”是状词的性质。在什么情况之下去掉呢，在必不得已的情况下。译成语体，就是：必不得已要在三者之中去掉一个，先去哪一个呢?

像这种“而”字，在语体中不容易有相当的字。其他则有时可用“又”“却”等字替代。

为了把文言的助词用在口语里，有时便在“而”字上面或下面再配一个字，例如:“因而”“反而”“而且”等。

文言中有一些“而”字与其他的字配合，又已成为复合助词，例如“然而”“而后”“而况”“而已”“而且”，这些甚至在口语中都有了基础，就不须再说明了。

有一种用“而”字的地方，因为带有条件副词的作用，就几乎可以作为“若”字看待，例如:“学而优则仕”，等于说：学若优则仕。又有的地方可以作为“并”字看待，例如:“远人不服而不能来也，邦分崩离析而不能守也。”(均《论语》)等于说：远人不服，并不能招来，邦分崩离析，并不能保住。

“而”字另有一种作用，可以使语气因间歇而得到缓和，这在口语中倒是很难表达的，例如“天而既厌周德矣，吾其能与许争乎?”(《左传》)这个“而”字就只帮助语气，别无意义。读者对于这种古文，必须仔细体会其语气，有“不可言传”之妙。假如说：天既厌周德矣，吾能与许争乎？并不是不通，也不是不好，而意味就差多了。

（六）以

大家都知道“以”就是口语中的“用”。最常见的用法，如：“以粟易之”（用粮食交换）。以字和口语一样，总在它所联系的名词之前。但也可以放在所联系的名词之后，如：“仁以为己任。”（均《孟子》）其实就是，以仁为己任。这就与口语不同。

“以”字有时是相当于口语中的“把”或“拿”。如“子路行以告。”（《论语》）这里的“以告”就是“把这话告诉了”。引申起来，也有“因而”的意味，例如：“不以辞害意。”（《孟子》）可以说是：不把词句妨害意思；也可以说：不因词句而妨害意思。

有时简直可以与“因”字交换使用。例如：“三代之得天下也以仁。”也就与“三代之得天下因为仁”差不多。有时简直可以与“而”字交换使用。例如：“争地以战。”（均《孟子》）也就与“争地而战”的意思差不多。

“以”又有依或按照的意思。例如：“孔子进以礼，退以义。”就是说：孔子依礼而进，依义而退。又如：“以吾观之。”（均《孟子》）就是说：照我看来。又如：“不以其道得之。”就是说：不按道理得来。

“以”又有就的意思，例如：“回也闻一以知十，赐也闻一以知二。”(《论语》)就是说：回闻一就能知十，赐闻一就能知二。

“以”又有带着或同着的意思。例如：“以申息之师救蔡。”就是带着或同着申息两国的兵救蔡。又如：“晋侯以公宴于河上。”(均《左传》)就是带着或同着公宴河上。甚至古文中有“以”简直用作“与”用的。

“以”的复合助词最常用的是“以为”，这是不需解释的。但古文往往是把以为二字拆开用的。例如：“吾以汝为死矣。”(《论语》)实在就是：吾以为汝死矣。不过这只限于以字后面有名词或代称词才可以，否则还是要“以为”连用。例如：“民犹以为小也。”(《孟子》)

但口语中的“以为”在近代的文言中往往是不大用而以“谓”字代替。比如“吾以汝为死矣”就写成：吾谓汝已死。“民犹以为小也”，就写成：民犹谓之小也。

还有“是以”“所以”“何以”等词，现在已经成为口头语，不再去追寻原来的意思。其实“是以”等于“这样就”，“所以”等于“照这样就”，“何以”等于“为什么是这样”，还有“以及”等于“带同”，“以至”等于“因而至于”。

比较奇特一点的是“可以”，按我们现在的口语，“可以”实在就是“可”，按原来的意思，两个字各有各的意思。例如：“鸡豚狗彘之畜，无失其时，七十者可以食肉矣。”（《孟子》）。这个可以其实是“可用来”。用什么呢？就是用鸡豚狗彘。但是古人也有时把“可以”与“可”混起来用，同现在一样。例如：“可以死可以无死。”（同上）其实也就是可死可无死。

（七）为

“为”可以当“作”字用。例如：“是不为也，非不能也。”（《孟子》）不为就是不作，这是很容易明白的。

又可以当“是”字用。例如：“于周为客。”（《左传》）（对于周室来说，是客的地位。）这也是很容易明白的。

又在口语中是“替”的意思。例如：“为王诵之。”（《孟子》）（我替王述说一遍。）这种“为”字照例读去声。

并且“为”字简直可作为外动词，当“替”字用。例如：“汤使亳众为之耕。”（《孟子》）（汤使亳人去替他耕田。）

又在口语中是“算”的意思。例如：“齐滕之路不为近矣。”（齐国到滕国这条路不算近了。）

又在口语中是“为了”的意思。例如：“不知者以为为肉也。”（均《孟子》）（不知道的人还以为是为了肉的缘故。）这种“为”字也必须读去声。

（八）所

文言的介词有很难解说、却又很容易体会的，是“所”字。文言用所字的时候，口语也还是用所字。要了解“所”字的用法，最好以《论语》中三句话为例：“视其所以，观其所由，察其所安。”这是说对人加以观察的方法，一步比一步深入。视不过是一般地看，观是注意地看，察是仔细地看。第一步看这人所接近的是什么人，这里的“以”字，前人有解作“用”的，有解作“为”的，都有点勉强。其实古语“以”可作“与”解，见《诗经》郑笺，《仪礼》郑注。与就是在一起的意思。这不在本书讨论的范围，不过附带说明一下。第二步看这人所采取的是什么方法，第三步看这人所爱好的是什么事。这类的“所”字，在口语中有下面的“的”字，则上面的“所”字也可以省去。

显然，“所”字在外国语法中就属于关系代称词。这个字可领起下文的一切。因此“所”字总带有“一切”“任何”“凡”的意味。例如：“所在为敌国者何可胜数？”（欧阳修文）所在为敌国就是到处为敌国。又如：“人所不及者皆能得之。”（欧阳修文）人所不及就是凡人所不能到的。又如：“随所施为无不可者”（曾巩文），就是按照他所做的任何事没有不合式的。

因此，“所”字可以推广起来而成为复合助词，最常用的是“所以”，在古文中，“所以”是作“所用”，或“所由”解的，例如：“丞之职所以贰令。”（韩愈文）意思是“丞的职务原是用来辅助县令的”。但是演变结果，在口语中就变成“故”字，而不是文言中的“所以”了。

此外，“有所”“无所”，也成为常用的复合助词。例如：“有所不为”，就是说有不为之事；“无所不知”，就是无不知之事。

“所谓”也是常用的复合助词。所谓就是所认为。例如：“君所谓可而有否焉。”（《左传》）就是说：君所认为对的，其中也必有不对的。后来“所谓”二字变成了“名为”的意思。例如：“又不得过南昌而观所谓滕王阁者。”（韩愈文）这种用法在近代文言中就很普遍，在口语中也经常被使用了。

（九）是

“是”字本来不需要说明。但在古文中有很重要的一点，须要注意。我们口语中的“是”字，文言中是不用的。比如对话中的“是”“不是”，一定要说：“然”“否（不然）。”某人或某事是怎样，一定要说成某为某，或某，某也。例如：花是红的，只能说：花为红色，或花乃红色。孔子是鲁国人，只能说：孔子，鲁人也，或孔子为鲁人。

但也不能说古文中的是与口语中的是有不同的意义，“是”还是“是”，“非”还是“非”。不过作为等同性的谓语，就不能以“是”字来表达。

古文中的“是”，多半当“此”字用。在口语中也可以当作“这”也可以当作“那”。比如“是年”，就是这一年或那一年，“是人”就是这人或那人。“居于是”就是住在这里或住在那里。“姑舍是”就是暂且不谈这个或那个。

古文中“是”字有没有与口语中是字用法相同的呢？也有的。例如：“是不为也，非不能也。”（是不肯做，不是不能。）不过古文的“是”字可以放在名词之后，例如：“古之人有行之者，文王是也。”（均《孟子》）（古时的人有这样做的，就是文王。）

是字的复合助词有“于是”“是以”“是故”“是则”等，都是从“此”字的意义出发的。“于是”就是“在这个基础上”，“是以”就是“为了这样”，“是故”就是“为了这个缘故”，“是则”就是“这样就”。

（十）相、见

“相”本来是彼此互相的意思。例如：“出入相友，守望相助，疾病相扶持。”（《孟子》）这里都是彼此对等的说法，相助就是你助我，我助你。与今天的用法相同。但后来稍微有些转变，指单方面的也可以用“相”字。常见的词句如“无相忘”“无相念”，其实就是不要忘我，不要念我。口语中的“相信”也变成单方面的信，而不是互相信了。

“见”等于口语的“被”或“受”。例如：“女无美恶，入室见妒。”见妒就是被妒。又如：“臣诚恐见欺于王，必负赵。”（均《史记》）见欺于王就是受王之欺。

（十一）只、仅

“只”古写作祇。但口语中的“只”，文言中多作“惟（唯）”“独”等。

“仅”字在唐代还不一定与近代的文言用法相同。韩愈的《张中丞传后叙》中有“初守睢阳时，士卒仅万人”一语，这个仅字恰恰不是说少而是说多。到了宋代，这种用法就不见了。因此，我们读古书有时还要注意一些与今天习惯不相符合的字义，例如“乱”字反而作“治”字解，“去”字反而作“存”字解。不过在一般的文言中不需要考虑这个问题。

（十二）请

古文中的“请”字也略与口语不同。若指对方而言，还不过变一变次序。例如：“王请勿疑”，就是请王勿疑。若指自己而言，口语就没有这样说法了。例如：“臣请为王言乐。”（均《孟子》）口语只能说：我愿意或我想替你谈谈音乐。请字的这种用法，在近代的文言中也是常见的。

（十三）庶

“庶几”是或者、有可能的意思。例如：“王庶几改之，予日望之。”（《孟子》）庶几可以省作庶。例如：“其亦庶乎其可也。”（韩愈文）

（十四）不、弗、非、莫等

否定助词，“不”“弗”差不多可以互换，在远古的文字中，用“弗”字居多。“非”也可以作微、匪。“无”也可以作靡、莫、蔑。这种都是声音之转，写起来没有一定的字。

否定而兼疑问，则有“不亦”“无乃”等复合助词。

句首助词

以下谈谈句首助词。

句首助词大体上可以分为启下和承上两种，但两者还是互相关联的，因为启下也不是凭空而来，一定是为了上面的话结束了再启下，承上也不是单为承上，还是为的要启下。这种互相关联的作用正是文言文法的特点，往往是口语所无法表达的。

先谈启下的。

（一）夫

“夫”字大概有下列几种用法：一是用在指定一件事情，特别提起来说的时候。例如：“夫仁者，己欲立而立人，己欲达而达人。”（《论语》）又如：“夫蚓，上食槁壤，下饮黄泉。”（《孟子》）口语的语气仿佛说，讲到仁，是怎样怎样的；讲到蚯蚓，是怎样怎样的。如果没有这个“夫”字，就嫌平坦，而提不起精神来。

二是用在开始预备说一段话来推阐上文的时候。例如：“夫人幼而学之，壮而欲行之。王曰：‘姑舍女所学而从我’，则何如？”（《孟子》）这是上面已有一层意思，还嫌不透彻，再设一个比喻，加以推阐，所以用“夫”字将文气一提。

三是用在回答人的话前面，避免突然而来。《孟子·公孙丑·下篇》的对话中，用过三次。（1）“曰：夫既或治之，予何言哉？”（2）“孟子曰：然。夫时子恶知其不可也？”（3）“曰：夫尹士恶知予哉？”细加体会，就知道不用“夫”字就显得生硬。在口语虽没有与“夫”字相当的字，但说起来，必在下面另加一个又字。以下的三句话必然是：（1）既然有人办了，又何必要我说什么呢？（2）是啊。时子又怎么知道这是不可以的呢？（3）尹士又怎能了解我呢？这样也能表达类似的语气。

同时，夫字也可以含有这、那的意思，上述的第一例可以译为：这件事既然已经有人办了，又何必要我说什么呢？第二例可以译为：是啊。这位时子又怎么知道这是不可以的呢？第三例可以译为：这位尹士又怎能了解我呢？

四是用作加重语气之用。例如："吾王之好鼓乐，夫何使我至于此极也！"意思说：我们的王好鼓乐罢了，怎么竟然把我们害到这步田地啊！

"夫"字也可以成为复合助词，如"今夫""且夫"，比单用若字加重。各举一例。如："今夫弈之为数，小数也。"如："且夫枉尺而直寻者，以利言也。"如："若夫为不善，非才之罪也。"（均《孟子》）

（二）盖

"盖"字基本上有大概的意思。例如："盖有之矣，我未之见也。"（《论语》）就是说：大概是有的，不过我未曾见过。

引申起来，"盖"有疑惑的意思。例如："余登箕山，其上盖有许由冢云。"（《史记》）这个"盖"字不能说是大概，却也有疑而不定的意思。

再一引申，凡属自己发抒见解，不敢自以为是，也往往用"盖"字来引起。虽然好像也有疑而不定的意思，其实正是肯定的意思。例如："盖孔子尝为委吏矣，尝为乘田矣，亦不敢旷其职。"（韩愈文）又如："盖仇之所以兴，以上之不可告，辜罪之不常获也。"（王安石文）

"盖"字也可以插在中间。例如："后之君子盖亦尝有其志矣。"（苏轼文）又如："然其令行禁止，盖有不及商鞅者矣。"（同上）这些都是用"盖"来表示肯定的。在唐宋以后的议论文中，"盖"字比古代更多些。读者需要细加体会，因为口语中几乎没有一定的方式作同样的表达。

其次，谈承上的，也可以分为两种。

"则"字是最常见的承上助字。它本来一定是用在句首的，但所承的上文字数不多，也就放在当中了。例如："过则勿惮改"（《论语》）（错了就不要怕改正）因为"过"是一层意思，"勿惮改"又是一层意思，第二意仍然是结束第一意，也仍然可以说是用在"勿惮改"的句首的。

唐宋以后的文章，在推阐道理的时候，总是用"则"字指出从以上的情况产生以下的结果。例如："于是有诸侯之列，则其争又有大者焉。"又如："善制兵，谨择守，则理平矣。"（均柳宗元文）

不过不要忘记：则字也有时带"却"字的意思。例如：

"赐也贤乎哉！夫我则不暇。"(《论语》)(赐真能干呀！至于我，却没有这种闲工夫。)

也有时带"那么，就……"的意思。例如："如有复我者，则吾必在汶上矣。"(《论语》)(如果再有人向我啰唆，那么，我就要到汶上去了。)

也有时带"乃是"的意思。例如："若《书》所谓，则大臣宰相者之事，非阳子所宜行也。"(韩愈文)(至于像《书经》所说的，乃是大臣宰相们的事，不是阳子所应该做的。)

也有时带"倒是"的意思。例如："若吾子之论，直则直矣。"(同上)(像你所说的，直倒是直了。)

总起来说："则"字是承上的，没有上文，就不会有"则"字。

引申起来，"则"的复合助词有"然则""否则"等，口语中也不断使用，不需要说明了。

又一常见的是"且"字。这个字表面看起来是启下的，实际也是承上的。因为"且"字总是在以上所说之外，再推广一层意思，不能凭空而起。

当然，两层意思有时可以像是平列的，在短句中还可以复用“且”字。例如：“见信死，且喜且怜之。”（《史记》）（看见韩信死了，一方面喜欢，一方面又怜悯他）不过多少还是有一层比一层的意思。例如：“公语之故，且告之悔。”（《左传》）（公把这事情原委说给他听，并且告诉他：自己也后悔。）在这种地方，口语的“并且”恰恰传达了这种语气。

唐宋以后的文章往往用“且”字开始，另外发挥一大段意思。在口语就等于“而且还有一层”。

且字的复合助词常用的是“犹且”“且夫”等，犹且就是尚且的意思，也就等于口语中的还字。且夫是在单用且字以外更多一点提起的文势。

唐宋以前的文章“且”字的用法还有与后来完全不同的，不作“而且”解，略带“因为”的语气。读古书的时候不可不知。

有些助字必须要承上与启下联起来看。

例如“然”字。“然”字一般是作“但”字用。表示以下所说的有与以上相反的意思。所以一面是启下，一面还是承上。例如：“吾不能早用子，今急而求子，是寡人之过也。然郑亡，子亦有不利焉。”（《左传》）唐宋以后的文章用“然”字比古代多些，古代只在十分必要时才用，如果意思已经明显，就不用。例如：“其为人也小有才，未闻君子之大道也。”（《孟子》）在后世的文章，“未闻”上面是可以用“然”字的，甚至还是必须用然字的。

“然”字的本义是肯定词。在古代对话中，是的就说：“然”，不是的就说：“不然”，或“否”。所以“然”字有“是这样”的意思。引申起来，所构成的复合助词都带有这种意义。“然而”等于“这样而”。例如：“然而不王者，未之有也。”（照这样而不能为王，是没有的事。）“然则”等于“这样就”。例如：“然则文王不足法与！”（照这样说来，连文王也不足为法吗！）“然后”等于“这样才”，“独居三年，然后归。”（独居了三年，这样才回去。）“虽然”等于“虽然这样”。“予虽然，岂舍（捨）王哉？”（以上均《孟子》）（我虽然这样，难道肯抛弃王吗？）

注意：在现在的口语中，“然而”已经直接代替“然”字，“虽然”已经直接代替“虽”字了。

不作为句首助词，“然”字又可作为“像”字用。例如：“木若以美然。”（《孟子》）（木料好像太美了些。）

古代的文章往往用“抑”字代替“然”字。例如：“多则多矣，抑君似鼠。”(《左传》)((战功)多虽然多，但您就像只老鼠。)

古代又有一种复合助词“然且”。例如：“识其不可，然且至。”(《孟子》)(知道不行，然而还是来了。)在后世则多用“然犹”。

“不然”作为复合助词，带有“若不这样”的意思。例如：“不然必败。”(《左传》)(若不这样必败。)

句首助词有些是表示转折的。所谓转折，就是两方面要相互呼应。

一是“苟”字和“若”字。这与“藉使”“假令”“果若”等词相近似而微有区别。例如：“苟为善，后世子孙必有王者矣。”这里的“苟”字有“只要”的意思。又如：“若于齐，则未有处也。”(均《孟子》)这里的“若”字有“至于”的意思。又如：“藉使子婴有庸主之材。”(贾谊文)这里的“藉使”有“假使”的意思。

二是“不唯”“匪唯”“微特”“非徒”等词，用来撇开一层，再加一层。上面用了这种助词，下面多半需要用“亦”“又”等字，即使不用，也必带有这种语气。例如：“非徒无益，而又害之。”(《孟子》)

三是“与其”一类的词，表示退一步设想。例如：“与其杀不辜，宁失不经。”(《书经》)“与其”总是与“宁可”或“不如”同用的，单独不成意义。但远古的文字也有单用而将下句的意思含蓄在不言之中的。

四是“纵令”一类的词，表示进一步的设想。例如：“纵令其乱人，戚之而已。”(柳宗元文)这类的助词在口语变为“即使”“尽管”，下面往往以“不过”“也无非”等相呼应。

五是“非”与“不”字的配合，例如：“非千金之子，不能运千金之资。”(苏轼文)

六是“既”与“又”字的结合。例如：“既有利权，又执民柄。”(《左传》)这在今日，还是适用的。不过古文中的既字有时偏重“已经”的意思，就不一定与“又”字相呼应。

句尾助词

句尾助词实际上的作用相当于标点，特别是在表示疑问感叹的时候，这种作用非常明显。但句尾助词的作用却不是标点所能代替的。现在把几个重要的句尾助词分别说明如下：

（一）也

第一，“也”字表示一句话的肯定。例如：“不好犯上而好作乱者，未之有也。”（《论语》）这里“未之有也”等于说：这是没有的。

第二，“也”字表示一句话的提起，有待于下文的补充。例如：“君子之至于斯也，吾未尝不得见也。”（《论语》）这里连用两个“也”字，第一个“也”字提起下文，第二个“也”字，如上所说，表示完全肯定。仿佛说：君子到了这地方啊，我从没有见不着的。

第三，“也”字表示诘问的语气。例如：“是可忍也，孰不可忍也？”（《论语》）第一个“也”字如上所说，提起下文，第二个“也”字就等于“耶”“乎”“哉”等字，特别是“耶”字（古写作邪），古代往往与“也”字通用。

第四，“也”字相当于口语中动词的“是”。特别在与“者”字同用的时候。例如：“毛颖者，中山人也。”（韩愈文）等于说：毛颖是中山人。这在史书里是最常见的。又如：“非求益者也，欲速成者也。”（《论语》）等于说：不是求进步的，是希望速成的。

第五，“也”字带有感叹的意味。在大多数的古文词句中都可以体会到。专从《论语》看，例如：“子闻之曰，是礼也。”等于说：这就是礼啊！又如：“父母之年不可不知也。”等于说：父母的年纪不可不知道啊！又如：“不图为乐之至于斯也！”等于说：想不到快乐到这步田地啊！这类的例子举不胜举。

第六，在古代，称人名或自称名之后往往加一“也”字。例如：“回也不愚。”又如：“丘也幸。”（均《论语》）后来这种习惯没有了。但不是人名而在后面加一“也”字以提高音节，加强语气，也是古代习用的手法，为后世所沿袭的。例如：“女也不爽，士贰其行。士也罔极，二三其

德。”（《诗经》）

“也”字不止于在本句中发生作用，而且有时与上句连起来，可以代替连词，使读者从语气体会到其中的关键。例如：“其知可及也，其愚不可及也。”实际上是说：然而其愚不可及也。又如：“古者言之不出，耻躬之不逮也。”（均《论语》）实际上是说：由于耻躬之不逮也。省去“然而”“由于”两项连词，意思仍然是很明显的。

总起来说，“也”字的用法是最灵活的，有时用在名词之后，有时用在句子的一半，有时用在全句的末尾，有结束的意义。有时还可以连用二三次，各有各的意义。主要还是帮助语气的舒缓，例如：“其行己也恭，其事上也敬……”（《论语》）其实中间不用“也”字是很可以的，用了无非使语势多一点顿挫。

（二）矣

如果与“也”字对照起来，“矣”字就显得更有斩钉截铁的气势。《左传》有一段对话，表演这两个字的用法最为生动。录之于左：

楚子登巢车以望晋军。子重使大宰伯州犁侍

于王后。王曰："骋而左右，何也？"曰："召军吏也。""皆聚于中军矣。"曰："合谋也。""张幕矣。"曰："虔卜于先君也。""彻幕矣。"曰："将发命也。""甚嚣，且尘上矣。"曰："将塞井夷灶而为行也。""皆乘矣，左右执兵而下矣。"曰："听誓也。""战乎？"曰："未可知也。""乘而左右皆下矣。"曰："战祷也。"

这是说楚王在楼车上亲自侦察晋军的行动，他每看到一种情况，就问他的顾问官伯州犁，伯州犁就向他一一解释，因为伯州犁本是晋国人，所以熟悉晋国的事。楚王说："他们纷纷向左右两边跑，是做什么？"他说："这是召集军官。"又说："都集合在中军了。"他说："这是开会。"又说："张起帐篷了。"他说："这是祭祖。"又说："卸下帐篷了。"他说："这是预备发布命令。"又说："乱哄哄的，灰尘涨天了。"他说："这是预备清除营地，布列行阵。"又说："都上车了，拿着兵器又从左右两边下来了。"他说："这是听取宣誓。"又说："是不是准备作战呢？"他说："还不一定。"又说："上了车，又从左右两边下来了。"他说："这是战前作祈祷。”

从这里可以看出文言用“也”字，口语就用“是”字。文言用“矣”字，口语就用“了”字。因此，“矣”字的基本用法是不难明了的。

比较难说明的是与也字同用的时候。大约先结束第一层意思用“矣”字，则结束第二层意思的时候用“也”字。例如：“子谓韶，尽美矣，又尽善也。谓武，尽美矣，未尽善也。”又如：“盖有之矣，我未之见也。”（均《论语》）为什么一定要先用“矣”后用“也”呢？因为“也”字带有但字的意味，正如前面所指出的。

也、矣连在一起，比单用矣字多一层慨叹的意味，这时“矣”字可写作“已”。例如：“年四十而见恶焉，其终也已。”正如矣、哉连在一起，又比单用“哉”字加深慨叹的意味。例如：“饱食终日，无所用心，难矣哉！”（均《论语》）

“矣”字有时直接可作“乎”字用。例如：“何如斯可谓之士矣？”（《论语》）

（三）乎、哉

疑问助词中“乎”“哉”二字用法的分别，是不很清楚的，一般说来，需要回答的问句用乎字，不然就用哉字。用下列一段《孟子》为例：

> 梓匠轮舆，其志将以求食也；君子之为道也，其志亦将以求食与？曰："子何以其志为哉？其有功于子，可食而食之矣。且子食志乎？食功乎？"曰："食志。"曰："有人于此，毁瓦画墁，其志将以求食也。则子食之乎？"曰："否。"曰："然则子非食志也，食功也。"

注意："与"用在句尾，即后来的"欤"字，与"乎"字大致相同，不过"欤"字更多一点委婉的神气。在这一段里，显然可以看出用"哉"字不过是一种反诘的口气，不需要对方回答，用"乎"字就需要对方回答，而对方提出来的反驳，带些俏皮口吻，就用"与"字。

然而在单独用的时候，也有不能拘定的。大约单独用"乎"字，可能是语气非常和婉，并不急于要对方回答。例如："或者不可乎？"（《孟子》）又如："以与尔邻里乡党乎！"（《论语》）在口语中正好相当于"吧"字。如果改用

"欤"字也一样，但不宜用"哉"字。

"哉"字也可以用在需要回答的问句。例如："何哉，尔所谓达者？"(《论语》) 这里何、哉二字本是可以放在句尾的。如果改用"欤"字，也一样，但不宜用"乎"字。

"哉"字可作赞叹用，例如："大哉孔子！"这是没有别的字可代替的。但如，"已矣哉！吾未见好德如好色者也。"(均《论语》) 改用"乎"字也一样。但决不能用"欤"字。有一种的形容词可以与"欤"字相连，如"猗欤""懿欤"，但不多。

我们还要知道：问句不是都需要用句尾助词的。假如问句的意义已经显明，就可以省去。特别在已有"岂""何"等字的时候。

疑问助词不一定在句尾，如果用了句首的疑问助词，则句尾的也可以省去。"岂""何"就是用在句首疑问助词之一例。这些多半是组合起来使用的。例如："岂有""岂能""岂止""岂不""何以""何尝""何为""何如"都是。

"何"字有时可改用"胡"字，又可以改用"奚"字，可以改用"曷"字。"何不"二字有时可以合起来用一个"盍"字。

"岂"字可以改用"讵"字，也可以改用"宁"字，还可以改用"庸"字。

远古的古文常用"敢不"二字，实际也是疑问助词用在句首的。例如："敢不唯命是听！"就是何敢不，岂敢不。也有时单用敢字，句尾也不用乎哉等字。这种句子，表面上与肯定语气无异，只有从上下文体会出来。在简短劲健的文章中，是可以这样的，正如口语，疑问句和述说句也只在声调中区别就够了。

句尾的疑问助词，如同上面所说的"盍"字一样，可以两字拼为一字，例如："之乎"二字可以拼成"诸"字，"之焉"二字可以拼成"旃"字。说得慢些是两个音，说得急些，就变成一个音了。这类的例在古书中常见。

（四）焉

"焉"字只带小半疑问意味，大部分并不是的。而且这个字在口语中找不到适当的同义字，只可从古文的文义上体会。举几个例：

"就有道而正焉"。（以下均《论语》）意思是：向有道之人请教请教。

"有妇人焉，九人而已"。意思是：其中有个妇人，实在只算九个。

“不可则止，毋自辱焉”。意思是：不肯听就算了，不要自讨没趣。

“蘧伯玉使人于孔子，孔子与之坐而问焉，曰：夫子何为？”意思是：蘧伯玉派人到孔子那里，孔子陪他坐着，问他：老先生近来做些什么？

“众恶之，必察焉，众好之，必察焉”。意思是：大家说是坏人，还要调查调查，大家说是好人，也还要调查调查。

“天何言哉？四时行焉，百物生焉，天何言哉？”意思是：天何尝说话呢？四时由它行着，百物由它生着，天何尝说话呢？

“见其二子焉”。意思是：叫两个儿子出来见见。

“君子之过也，如日月之食焉。过也，人皆见之；更也，人皆仰之。”意思是：君子犯起错误来，如同日月蚀一样。错误的时候，人都看见的；改正的时候，人也都望到的。

从以上各例看来，焉字都是在一句话下面轻轻一顿的表示。试看与“也”字同用的时候，就更显明了。如：“他人之贤者，丘陵也，犹可逾也；仲尼，日月也，无得而逾焉。”犹可逾也的停顿语气重，无得而逾焉的语气轻。

再看：“爱之能勿劳乎？忠焉能勿诲乎？”爱是外动词，须有宾语，所以用“之”，忠是内动词，不能有宾语，所以用“焉”作为停顿。在今天的书面文字，忠字下面应当用逗点。这也可以帮助了解某些焉字的用法。

“焉”字用在句首，则表示疑问语气。例如“未能事人，焉能事鬼？”焉字有时可以改作“安”字或“乌”字，实际就等于“何”字。

（五）其他复合助词

古文中往往有两三虚字连同起来用的，例如：“已矣乎，吾未见能见其过而内自讼者也。”又如：“可谓好学也已矣。”又如“语之而不惰者，其回也与！”其实“已矣乎”也就是已矣！“也已矣”也就是也矣，“也与”也就是欤，不过再加一个字更觉婉转。

另外有些复合助词是古语今语没有十分差别的，例如：“然而”在口语怎样用，文言也可以照样用。但“虽然”在口语中只等于文言的“虽”字，不能用虽然。文言的“虽然”是“虽然如此”的意思，“虽然”是要单独成一短语的。口语的“固然”，文言也只能单独用固字。“果然”也只能单用果字。必须注意。

又如“犹”字与“况”字。况是在原有基础上再加深一层说的意思。例如：“蔓草犹不可除，况君之宠弟乎？”(《左传》)上面用“犹”字，是从浅的一层说，下面用“况”字，就是从更深一层说。在口语中也还是这样用的。这两句译成语体，就是：蔓草尚且无法清除，何况君的一个有面子的兄弟呢？

单用一个“况”字有时嫌不够力量，往往再加上一个字，如“而况”“何况”“又况”“其况”等等，现在的口语中则通用何况。

又如“无宁”相当于“不如”，“纵令”相当于“即使”，这是不须逐一举出的。

三、古文的体裁与风格

《古文辞类纂》
——古文选本之一

可读的古文，经过前人精选，而结集成书的，种类之多，不可胜计。在古代流传最广最久的，首推《文选》，因为是梁代昭明太子萧统所编的，一般称为《昭明文选》。它的体例是专收单独能成篇的文章，所以经书、子书、史传，凡已成专著的都不收。在这部选本中，各时代、各流派、各体裁都有些代表作，大体上是公认的良好选本。但是从今天的要求来看，未免偏重美文方面，而且近一千多年来重要的发展不能包括在内，所以只能作为纯古典的总集，专供高深的研究，而不适于一般阅读。

在近代，古文的权威选本不能不推清代姚鼐的《古文辞类纂》，他的宗旨确定以唐宋八大家这一系统所认可的文章为范围，内容大部分从《史记》《汉书》及八大家文集中选出，明清两代则只限于归有光、方苞、刘大櫆的少数作品。尽管范围相当狭隘，数量却不算少。作为古文读本也有一定的价值。从这部书中可以使读者明了古文发展的概略，以及体裁的区分。所以在近二百年来，学习古文的人都把它当作必备之书，以前的各种选本就渐渐不被人注意了。

姚氏的书以“类纂”为名，可见他注重体裁的分类，有他自己的见解。他所分的是十三类，都有略加说明之必要。

第一是论辨类。在这类中主要是评论历代史事的文章，开创风气的是贾谊的《过秦论》。以后就有人专以某个人物或某件史事为题，辨其得失优劣，也有人以类似的人物或史事综合起来加以评论。这种论史的文章，在宋以后最为发达。在古人大都是为了针对当前的问题，藉古事作印证，发挥自己的主张，自然是出色的！不过后人往往变成以自己的见解强加于古人，空发一篇议论，毫无实际作用，就不免成为滥调，没有价值了。

论辨之中，也有直接对当时的某个人物或某件事实发表意见的，如韩愈的《争臣论》就是直接对阳城的一封公开信，对他提意见。也有用来发挥一种理论的，纯粹从抽象的观念出发，如韩愈的《原性》《原毁》就是这种性质。

也有不用论或辨的名称，而实际仍是论辨的，如韩愈的《伯夷颂》、王安石的《复仇解》都属于这一类。

大凡论辨的文章要说理透辟，一层深于一层，具有高度说服力，才是上品。根本问题还是要作者自己有好学深思的能力，见到人所不易见的，然后用犀利的笔调写出。这种笔调以《孟子》为最擅长。

古人的论辨还讲究用譬喻、词藻来陪衬，使文章不流于枯燥沉闷，宋以后就不甚注重这一点了。

第二是序跋类。一般说来，序是书的前言，跋是书的后记。说明书的内容、旨趣，向读者作介绍，就名为序。有什么补充意见，写在后面，就名为跋。但序不一定对一部著作而言，在正史的志、表或传里也可以有一篇序作为总的说明，对于一篇文章或一组诗也可以作序。尤其对于前人的一篇文章可以用“书后”的名义发表自己的意见，这与跋是没有分别的。

韩愈有一篇《张中丞传后叙》，实际上等于是张巡的传记，而文章的形式是以与朋友的谈话记下来的。所以序跋并不一定是发表意见，也可以记载事实。正如前面所说的论辨类也有记事实多于发议论的，例如苏轼的《东坡志林》中《鲁隐公》一篇就是如此。文章的体裁只能有大体上的划分，彼此之间仍然有交叉的关系。

第三是奏议类。这是对统治者的陈说、劝谏或建议，要求明白畅达，切实而又婉转。汉代奏议的名家有贾谊、晁错、刘向等，而赵充国的《屯田奏》，及贾让的《治河议》尤其是具体建议的优良范例。后来则诸葛亮的《出师表》，王安石的《上仁宗皇帝言事书》，最能表现古代政治家的宏伟抱负。唐代的陆贽最擅长这种文章，他分析问题，指陈是非得失，既能深入，又能显出，很有生公说法顽石点头的本领。姚氏因为是骈文，不选，其实陆贽奏议的价值是不可磨灭的。

第四是书说类。按照姚氏的分类法，以战国时代策士游说之词为“说”，以平常通信为“书”。但是策士游说也不外乎对执政者的劝谏或建议，仍然与上面的奏议类没有显明的界限。至于通信，诚然是文章的另一形式，但姚氏所选这类的文章仍以发议论的为主，并不包括友谊的通信，所以这书说一类很难独立存在。

第五是赠序类。这种文体只在唐代才开始出现，往往是替人饯行的，好像是赠人以言的意思。其中可以抒写彼此的交情，也可以表示颂祝、期望、勉励、感慨。典型的范例是韩愈的《送董邵南序》和《送孟东野序》。董邵南是到河北去谋事的，因而就河北的风土人情发一番感慨。孟东野是个不得意的诗人，所以提出“物不得其平则鸣”的感慨。这种的序与序跋的序不相同，但是仍然不能越出论辨与书说两类的范围。明代以后另有一种用来祝贺生日的，名为寿序，也无非由赠序推广。

第六是诏令类。这与奏议类恰恰是相对的，前者是上对下的文告，后者是下对上的陈述。姚氏所选专限于汉代的诏书。因为汉代诏书有其独特风格，而近代的诏书大都是缺乏内容的公牍文，不够典雅，所以不在古文范围之内。韩愈的《祭鳄鱼文》实在是游戏文章，姚氏却因为它也算是一种文告，也列入了。

第七是传状类。传应该是史书中的一部分。但有些人不够列入史传的资格，而事迹值得记载，文学家也往往写成非正式的传存入自己的文集中。也有些文学家通过个别人物的描写来发抒自己的见解，名义是传，而实际还是议论。像韩愈的《圬者王承福传》，柳宗元的《种树郭橐驼传》《梓人传》都是。韩愈有一篇《毛颖传》，是以写字的笔为题材，用寓言的手法使其人格化。表现高度的艺术想象，博得当时读者的喜爱。但经后人一再模仿，新鲜别致的文体又变得庸俗了。状是行状的省称，行状本身不能算是传，只是提供详尽的具体事实，以备作传时的采择，但也必须经过组织与排比，使其成为整洁的文章。

第八是碑志类。这都是刻在石上以备流传久远的。大体上又可以分为三种，一种是纪念一项历史事件的，例如秦始皇每巡行一处就在一处立石，用韵文体裁作成铭文。又如唐元和时代削平淮西吴元济的叛乱，韩愈奉诏作《平淮西碑》，正文是散文，然后用韵文作四字句的铭。都不外为皇帝歌功颂德。另一种是纪念建筑物或永久性建设的，例如城垣、道路、桥梁、堤堰等。但姚氏所收只以庙宇为限。此外，最常见的就是墓碑和墓志了。墓碑是立在墓前或墓侧的，如果本人的身份是贵官，还有所谓神道碑，也有称墓表、墓碣的，总之都是指示所葬的人姓名事迹，加以赞扬。墓志所以不同于墓碑者，只是随棺入土，为的是年深岁久，万一被发露出来，可藉以辨认是何人之墓。墓志有附铭的，也有单用散文不用铭的，有铭的就称为墓志铭。从汉代以来，立碑刻文的风气一直盛行，而南北朝以后又加上埋藏圹穴的墓志。有的为自己的先人或亲友而作文，有的应达官贵人之命而作文，不问有无可传的事迹，几乎人人死后都要有一篇文章，于是就成了不堪一读的滥调了。韩愈作的这种文章最多，为了应付人家的请求，不得已只好无中生有，装点一些空话，变换一下方式，以求推陈出新，所以他的碑志与以前的传统格式有所不同。但他的新格式又被后人沿袭，也成为滥调了。大凡这种文章总是以感情深厚的为好，像韩愈与柳宗元有着文学上的共同情感，所以《柳子厚墓志铭》这篇就特别动人。欧阳修为了纪念他的父母，从他的寡母口中写他从小就亡故的父亲，自然是从天性发出的，所以他的《泷冈阡表》也是不朽的名篇。

第九是杂记类。按姚氏的意思，这与上面的碑志类有连带关系。因为杂记也可以分两种，一种也是刻在石上的，另一种则不过有这一篇文章，并不刻石，也没有刻石的必要。如果是前一种也就与碑无别了。不过按姚氏的意思，碑专指歌功颂德的那一种，至于题目小些的就算是记，不问是不是刻石的。其实不如这样说：凡是描绘山水、名胜、园林、风景的，或是说明一种事物的，都属杂记一类。姚氏所选这一类的文章，主要是柳宗元的游记，用秀洁清幽的笔墨为风景写生，为古今传诵的名作。韩愈的画记为一种艺术品传神，手法极其细腻，具有高度的组织技巧，也是非常值得学习的。

第十是箴铭类。这些都是韵文，内容多半含有告诫、勉励的意味。

第十一是颂赞类。原则上也是韵文。意味则以赞扬为主。但是古人有居其名而不居其实的。例如扬雄的《酒箴》，实在是一篇酒赋。意在讽刺，既非告诫，亦非勉励。韩愈的《子产不毁乡校颂》，虽然是韵文，虽然以颂为名，意在赞扬，其实是一篇评论，藉以抨击当时执政者不能采纳舆论。至于柳宗元的《伊尹五就桀赞》，简直没有用韵，连形式也与一般的论说相同。这是柳氏藉以表明自己的政治观点，并非真是对于古人古事无端有所仰慕而作一篇空的颂赞。这与张载的《西铭》，用古奥庄严的韵文词句来抒写哲学思想，都可以说文体是受思想支配，而思想不是受文体支配的。

第十二是辞赋类。从屈原的《离骚》起，辞赋是一种重要的文体，在两汉时代取得了充分发展，在盛行骈文的六朝及唐代，尤其有深切影响。即使在古文占优势的时代，也还需要借助于辞赋中的词藻，来作适当的渲染和衬托。显然，像韩愈的《进学解》，苏轼的《赤壁赋》，不就是从汉魏六朝的辞赋中脱胎的吗？韩愈的文章不有时还保留着骈文的面貌吗？由此可知姚氏虽然标榜着唐宋八大家正统派的古文，毕竟不能完全排斥骈文，也就不得不将辞赋选入他的所谓古文了。姚氏自己说："古文不取六朝人"，然则他也承认六朝人的文章也不能不算古文，不过不被正统派承认罢了。《古文辞类纂》的这一部分，除了韩、苏的几篇以外，几乎全是昭明《文选》中所已有的。那么，又不如直接从《文选》中阅读了。

第十三是哀祭类。这也是从辞赋中分化出来的，唐宋八大家用古文的笔调写入韵文中，颇能表达沉痛的心情，所以独为一类。

从以上的分类中可以看出，实际仍不外说理、记事、抒情的三种。不过按姚氏的意思，主要是说理的，只有碑志，杂记偏重记事，箴铭以下四类偏重抒情。而且整个看来，无论属于何类，都不能完全离开议论，记事之中必有议论，连韵文也还是在发议论，议论又往往是露骨的。这似乎是唐宋八大家正统派的一条准则。当然，既是作一篇文章，总有自己的见解在内，不过古人不一定在表面露出。例如《史记》中的各传，除记事以外，并没有什么褒贬的话，然而读者自然感到有爱有憎。又如鲍照的《芜城赋》，是针对当时皇族自相残杀以至城邑丘墟的事实而写的，又何尝将这个意思明说出来呢？由于韩愈提出文以载道这条纲领，于是正统派的古文家就以能不能发挥大道理为文章评价的计算尺。原意固然是好的，不过到了后来，又由于偏重议论，作家往往被肤廓庸俗的一副空壳笼罩住了，既无精辟的见解，又无清新的境界，这种古文，尽管形式上符合唐宋八大家的传统，实在是无足取的。

分类本难有一定标准，古人作文章，固然要相体裁衣，却也不是自己先定下一个模型。况且姚氏这种分法也有后人提出修正了，不能作为定论。不过我们不能不知道大约有这些不同的体裁而已。

姚氏以后，又有王先谦、黎庶昌两家各编一部《续古文辞类纂》，对于清代的古文有所增入；王氏比较狭隘，仍以桐城派正统为范围，黎氏则打破陈规，选了更多的名篇在内。黎氏的《续古文辞类纂》是继曾国藩的《经史百家杂钞》而作的，对于后者有补充的作用。他们的旨趣，在于对读者提供一些知识性的文章，使读者在这一部书里可以看到古代文章体制以及重要史事的轮廓，在学习作文章的同时，也丰富了自己的知识。这番用意是比姚王二氏高明的。不过在今天看来，还可以再压缩一些，既可以扬弃糟粕，又可为读者节约阅读的工夫，就更切于实用了。

《古文观止》
——古文选本之二

和《唐诗三百首》一样，以一个不出名的编者编成的一部《古文观止》却比任何其他古文选本拥有更广大的读者，经受更长时期的考验。而且这两部书出现的时代也大致相同，到今天都在二百年以上。为什么会有这样优秀的欣赏价值，是值得细加体会的。

《古文观止》最突出的特点是只分时代先后而不分体裁，非但不像《古文辞类纂》那样分为论辨、序跋等等门类，而且没有把骈文完全排除出去。文章的来源也不限于专篇，从经书、史书中都采取了一部分。固然还是唐宋八大家为中心，但也包括一些八大家以外的文章。由此可以体会到编者的用意是要以极精简的篇幅，使读者可以认识从古代到近代多种优秀作品的面貌，对于不同的风格都得到“尝鼎一脔”的机会。

这书分十二卷，文章约二百篇。所选的内容，第一、二卷完全是《左传》，第三卷中有《国语》《公羊传》《谷梁传》，及《礼记》的《檀弓》。《公羊》《谷梁》二传与《左传》记同样的史实而用完全不同的笔法，《左传》注重姿态，而《公羊》《谷梁》以清劲素朴见长，一般学作文章的往往单效法《左传》，很少能汲收《公羊》《谷梁》优点的。而《古文观止》能注意于此，是见解卓越的地方。《檀弓》记事的文章也在《左传》之外别具一种风调，在情感的融会上有时超过《左传》，所选的六段足以为这种文章的代表。

第四卷几乎全从《战国策》中选取。第五卷则都是司马迁的文章，《史记》中各种面貌的短篇都有所采录。不过我们可以体会到编者的意图是便利诵读，所以篇幅较长的就不能不割爱了。第六卷从两汉的文章中选的，但十六篇之中，东汉只占两篇，三国占两篇，其余十二篇，又被皇帝的诏书占去三分之一，其实有些是不需要读的。

第七卷有十九篇，其中六篇是六朝的，这六篇却的确很受人重视。此外则是唐人而不属于八大家系统的几篇文章。最后五篇一直到第九卷的前一半，则都是韩、柳两家的作品了。

第九卷的后一半也有几篇宋人而不属于八大家系统的，以下一直到第十一卷则都被欧阳修、苏洵、苏轼、苏辙、曾巩、王安石的文章占去。第十二卷选了些从明初到明末的几个有名的人的文章。

一般说来，《古文观止》所照顾的面比较宽广，颇能指示学者以阅读和习作的方法。在旧时代中，一般中等文化水平的人总读过四书，四书的文法多少能够领会，但是在读了四书以后，追求更高深的文学知识的人是不多的，想读到其他经书史书，就不容易。现在《古文观止》能每样介绍一点，以不多的篇幅满足中等水平的求知欲，确有它的长处。

但按今天的要求来说，其中可以淘汰的还不少，而子书中像《庄子》这样具有文学价值的书，竟然一篇都不选，是非常不适当的。至于所取的宋人，只以北宋为限，像陆游、朱熹、洪迈的文章都被排斥，也显然是偏见。

当然，任何选本都不能包罗万象，应有尽有。而且作为学习的对象，其实也无须要求其全面。即使有一部首尾完备、面面顾到的选本，我们也不过各就自己性之所近，精选其中一部分加以熟读，以求打好基础。将来有了余力，再广泛阅读，倒不失为循序渐进的方法。

学习古文的关键

古文选本是供人诵读学习的，这里提供一些必要的参考。

根据前人的经验，学古文的第一重要步骤是诵读。而诵读是要读出声来的，并且是要读出节奏来的。这需要自己潜心去积累经验。因为古文的特点，首先是转折层次的分明。有起有伏，有抑有扬，有过渡，有转折。从这种种表达思想的路径，并且表达作者期待读者共鸣的感情。诵读起来，如果符合文章的气脉和情调，那就是能体会到文章的深处。如果诵读起来，应该停顿的没有停顿，应该奔放的没有奔放，应该分高低声调的没有分，那将说明文章自文章，读者自读者，根本还不能理解，又怎么能从中吸收其优点供自己运用呢?

桐城派的古文家教人先快读一遍，走马看花地明了其中大意，然后细读几遍，揣摩其中脉络，发现什么地方应该高声提起，什么地方应该低声按下。这样去理解古文，才是自己受用的，通过这样的功夫，才有深刻的印象留在脑子里。不需要强记，自然透熟。据说姚鼐读韩愈的《送董邵南序》，这篇文章开头一句是:“燕赵古称多感慨悲歌之士。”燕赵二字一停，是不用说的。底下的九个字，古称二字一停，多字拖长，感慨悲歌四字连读，到歌字微吟不绝，之士二字每字都拖长，而士字更特别长，有余音袅袅之势。这一句文章就要反复咏叹到很久一段时间，表明十一个字有不少层次转折，因而将感慨悲歌的意味烘托了出来。这并不为夸大，像《送董邵南序》这样的短文，本来就是靠音调传出层次的，没有深曲的层次就会毫无意味，所以诵读起来，绝不能简单直率。至于其他文章，也可以适当地采用这种方法。

古文之所以多用语助词，就是为的使读者容易领会其中的神情口吻，所以诵读起来，必须注意句首用的是什么助词，句尾用的是什么助词。同时还要注意到没有用助词的地方，暗含什么样的意义。例如上面所举的例，开头并没有用助词，却是突如其来。然而也并非突如其来，实际上等于说："夫燕赵者，古称多感慨悲歌之士。"所以燕赵二字暗含着有"夫"字提起的意味。为什么不明用而只暗含？因为要避免平凡落套，要表示句法劲健，富有精神。所以好文章读起来是有味的。

古文不像律诗那样要求字数的整齐和平仄声调的规律化，但无形中也不能违反制约和平衡的原理。过分奇零参差，和过分单调，总是不好的。古文也是经过组织的语言，为了听感的条畅，必须在不整齐之中寓有整齐的意思，试将下列一段《论语》的句法和声调研究一下：

> 子路率尔而对曰："千乘之国，摄乎大国之间，加之以师旅，因之以饥馑；由也为之，比及三年，可使有勇，且知方也。"

加之以师旅两句，就有对偶的意思，其他一句之中或句与句之间，大体上平仄声都是相间使用的。

姚鼐在《古文辞类纂》的序目后说："凡文之体类十三，

而所以为文者八，曰：神理气味格律声色。神理气味者，文之精也，格律声色者，文之粗也。然苟舍其粗则精者亦胡以寓焉？”在诵读的时候，首先感觉到是声，所以将声提出来先谈一谈。

总起来一句话，能够通过诵读传出情感的就是好文章。文章是慷慨激昂的，读起来也会慷慨激昂；是缠绵悱恻的，也会缠绵悱恻；是和平愉快的，也会和平愉快；是沉静幽深的，也会沉静幽深。

文章的基本规律

文无成法，但大体上也有些规律可循。前人评文，以格律神理气味的有无，来衡量文章的美丑。所以讲作文，这六个字还是可以为法的。

所谓“格律”，“格”是指一篇的布局，“律”是指的一句的措辞。

一篇文章，无论长短，总不能从头到尾毫无转换。大体上“起、承、转、合”四个字是不能完全离开的。从什么地方说起，这就是起。开端以后，接下去说，这就是承。要将意思说清楚，必须推开来，或从反面，或从侧面，或加一番描写，或加一番分析，这就是转。最后加以结束，点明这一篇的中心问题，或者回顾到开端的话，这就是合。无论叙事文或议论文都是如此，抒情文也不例外。举《礼记·檀弓》篇中一节为例：

曾子寝疾，病。乐正子春坐于床下，曾元、曾申坐于足，童子隅坐而执烛。童子曰：“华而睆，大夫之箦与（欤）！”子春曰：“止！”曾子闻之，瞿然曰：“呼！”曰：“华而睆，大夫之箦与！”曾子曰：“然。斯季孙之赐也，我未之能易也。元，起易箦。”曾元曰：“夫子之病革（急）矣，不可以变。幸而至于旦，请敬易之。”曾子曰：“尔之爱我也不如彼。君子之爱人也以德，细人之爱人也以姑息。吾何求哉？吾得正而毙焉，斯已矣。”举扶而易之，反席未安而没。

曾子疾病就是起，以下将当时的情景和童子说的话记下去就是承，曾子要易箦而曾元不肯，曾子又责问他一番问答，就是转，末尾一句，将故事结束，回顾到开头“曾子疾病”（疾病就是病得很重）四字，就是合。

但这不过举一以概其余，并不是说一切文章都有同样的轮廓。因为格局有奇有正，有明有暗，有放有收，有分有合，可以变化无穷。例如贾谊的《过秦论》上篇，虽然其中也有起承转合，但总起来看，好像长江大河，一气奔注，说了八九百字，只是为了末了一句：“仁义不施，而攻守之势异也。”可见任何一篇文章可以有自己的特殊格局。格局是文章完整的必具条件，不能散漫而无所归宿。

初学作文章的人，可能将起承转合看得太死，一定要把这四个字在未下笔之前预先安排好，那也会陷于平庸呆滞。好文章，往往是在无意之中或者不着痕迹之中，定出格局的。例如《史记·平准书》的结尾是卜式的一句话：“烹弘羊，天乃雨。”卜式痛恨当时的理财好手桑弘羊，认为他搜刮民财太过，把旱灾的原因也归在他身上，所以有这句话。《史记》好像并没有把话交代完，就煞住了。其实这倒是极其有力量的结束语，剩下来的话，读者自能体会，不需要再明说出来。

至于所谓律，实际差不多就是指语法。语法是根据习惯来的，已经被大家认可，违反了就使人感觉格格不入。不过除语法的规律以外，也要顾到修辞方面，古文家讲究“雅洁”两字，“雅”就是求合于经典及秦汉人以至唐宋古文家所常用的字面，不杂以诗歌、小说、佛经、公牍等等的字面，这种看法却未免太狭隘了。“洁”就是不说多余的话，不用多余的字。总之，就是要修饰得干净，这个原则是对的。

讲到神理气味，就几乎可以意会不可以言传了。作为一个欣赏古文的人，衡量某篇文章，要看它有没有精神，也就是要看它有没有生气。怎样能有生气呢？主要在于作者有一片真意贯注其中，如果是有真意的，说理就有说服力，叙事就能生动，抒情就能引起共鸣。文章总是活泼泼的，精神饱满，光彩照人的。

气味又在神理以外。有了神理，可以吸引人，还不一定能够使人感到舒适。总起来说，格律声色可以比方人的躯体和他的服装，没有就不成为人。但若单有这些而不能语言动作，就是一个木头木脑的人，恹恹无生气，正同文章没有神理一样。能语言动作了，还要看他是不是语言有理，动作适宜，使人接近起来，感觉这人是个神采奕奕、感情丰富的人物。这最后一点就相当于文章的气味了。

神理气味四个字也可以拆开来讲，不过这总是抽象的说法，所以不必分得太细。在读古文到了一定程度，自然心领神会。初学的时候不必专在这上面钻研。

通过以上的讨论，似乎已经很清楚，古文之所以不同于现代语言，只是用字和语句构造的习惯上有些差别。至于怎样才是好文章，并没有不同的衡量标准。某些基本要求是一致的。例如：有条理，有波澜，有情感，简洁，劲健，生动，多彩，都是应当具备的条件。

从反面来说，有几条简单的戒律，古文家曾经指出的，也仍然可资借鉴：

一忌平庸。首先不要剿袭别人已经说得很多很熟的话，尽管还是这些道理，总要通过自己的思考，用自己的语言说出来。韩愈强调说："惟陈言之务去。"他的文章连成语都不大肯用，这虽未免太狭隘，但这种精神是值得学习的。

二忌杂乱。不但文章的层次段落要清楚，一篇文章有一篇文章的格局，不能随意拼凑。就以用字造句而论，是文言就是文言，是语体就是语体。语体中偶然用文言的成语是可以的，却不能在一句之中一半采用文言文法，一半采用语体文法。古人的文章也有时犯着不调和的毛病，即使程度轻微，也很容易被读者觉察。层次的杂乱是不难纠正的，格局的杂乱必须仔细检点。

三忌废话。应该交代的话，要交代在适当地方，不必要的话，不要虚占篇幅。前面所举的例，有一段《檀弓》的文章，恰好是个生动的说明。这个故事是某天夜里在曾子的病榻前发生的。夜里是必须交代的，但它并不在开始一句点明，只在叙童子的时候带叙“执烛”两个字，不但没有虚占一点篇幅，同时还把当时的环境用形象化的手法刻画出来。从这里体会，是大有益处的。

四忌虚弱。简练是好的，但并不等于贫乏。宋祁、欧阳修等人编撰的《新唐书》，标出“事增文省”四个字，古文家有专在这方面追求的。其实目的并不在乎省字，为了要写得有声有色，字数多些又何妨？比如《史记》的文章，要删去些字不是不可以，但删去之后，会不会变得干枯没有血肉？这就值得考虑了。大概好文章一定内容充实丰富，再加上渲染陪衬的技巧，就能像健康活泼的人，勃勃然有生气了。

最后，总起来说，我们今天学习古文的对象，应该比过去所谓古文家所定的范围宽些，从远古的一方面说，先秦的子书是重要的，特别是《庄子》《荀子》《韩非子》等书中的精粹部分。魏晋南北朝有些轻松秀雅的文章，如《世说新语》《水经注》等，也值得选读。由六朝到唐，有些骈文已经流传很广，如《古文观止》所选的骆宾王《讨武曌檄》、王勃的《滕王阁序》，也不可轻视。过去像《古文辞类纂》《古文观止》都没有近代的文章在内，而近代的文章却正是与我们接近，容易吸收的，应该注重多读一些。这样就比较更全面了。

各人的资质兴趣都不同，上述的各种文章，包括《古文辞类纂》及《古文观止》所已选的在内，尽可以按自己所爱好的挑选出来，精读多读，其余的只涉猎大概，也可以得到不小益处。

读古文所要注意的几点，第一是字句的用法。由于古文的用字和造句往往与现代的习惯有距离，必须随时体会古文的某个字在现代应该是什么字，现代的某个字，在古文应该作什么。古文的助字（即虚字），究竟含有什么样的语气，同样的助字在此处和彼处是否相同，如果不同应该怎样解说，能不能自己发见一条规律。这样就首先帮助培养了阅读古书的能力。第二，对于每篇文章，先看清它的大意，再分清它有几层意思，然后体会它是怎样由前面引到后面，又从后面回顾前面，怎样由这一层意思过渡到另一层意思，怎样铺张开来说，怎样勒紧起来说，怎样开门见山地说，怎样藏头露尾地说，怎样起头，怎样收束。最后就明白了它的结构格局了。自己作起文章来，也就会运用这些技巧了。

今天学习文言文的目的，一是培养阅读古书的能力，二是养成语言精练、条理清楚的写作能力。只要找到正确的门径，是不难达到的。

四、学习文言的要点

（一）

初步学习文言，不要目标太高，最好先看比较近代的作品。清代离我们比较近，所以清代的文章风格、词语习惯不少是今天还通行而且适用的。明代的文章就有些不很平正的，宋代的文章又嫌太古了些。至于唐以前的文章，实用的价值更少，初学的人在这上面费功夫，是不需要的。但若对近代文言作品能够了解而不感困难，那时再推广到时代比较远一些的文章，丰富自己的知识，扩充自己的眼界，那是有益的。

一般的文章选本总是先古代而后近代。当然古代的文章传诵得多，而近代的文章，往往不被人重视。不过从学习的角度说来，开始时最好多注意时代较近的。

（二）

学习文言，应当注意的事大约有三项，一是虚字的使用，二是整篇的结构，三是字眼、词藻、典故等等。三项之中，最基本的还是虚字的使用，那就是怎样从语气表达曲折的意思。

我们用到文言的时候，无非是心中有一番要说的话，既不能三言两语说清楚，也不宜于过分直率简单，而必须有放有收，有反有正，恰如分寸，婉转动人。这就完全靠虚字的使用恰当得神了。所谓虚字，包括以下几种：一是词与词之间的联系，没有这个就不能成句。二是句与句之间的联系，没有这个就表达不出完整的意思。三是一层一层反复阐明的联系，没有这个就不能将话说得尽情尽理，动人之听。

每一种虚字，在实际运用的时候，相互配合起来，就能传出不同的神情，神情生动，就达到了作文章的目的。

因此，虚字的使用虽然有语法的规律管束着，但并不能全靠死的语法规律来掌握、学习文言的，应当从整段整篇来体会，看看所表达的神情是如何，是激烈的还是和缓的，是严肃的还是轻松的，是愉快的还是悲伤的，等等。

实际上，如果能体会到这些，不觉得有什么隔阂，那就说明进一步的学习没有困难了。

（三）

关于文章的结构，虽然过去一般讲古文的人十分注重，其实这倒是比较不难明白的事。所谓结构，也就是说，怎样提出一个中心，怎样推论，怎样结束。然而绝不能说每篇文章开头一定要有个帽子，然后一步步推论下去，最后要回顾前面作一总结。这种公式化的概念，不但无益于学习，而且阻滞了灵机，浪费了光阴，大大降低学习的效果。

如果从形式上来谈结构，好文章总是变化无穷，不为形式所拘束的。如果从意味上来谈结构，那么，只要懂得上面所说的虚字的使用，就已经明了文章的转折层次，文章有转折有层次，不就是它的结构吗?

附带说一句，过去评点文章的人总是用朱笔将该分段落的地方作一小画，表示以上是一段，以下另换一意，名为“勾股”。这是读文章时值得采取的方法，注意一篇文章的转折点，也就等于学习了它的结构。

（四）

字眼、词藻、典故等等本来是次要的事项。但在今天说来，学习文言的人在这方面往往感觉不熟习，也不得不多加注意。

首先，既是文言，一般口头的语词是不能用的。而且，文言与口语的语法两样，所以也不得不用文言中习用的语词来配合。试设一例。比如说：我是他的表兄弟。文言不能生硬地改成：吾为彼之表兄弟。必须就上下文的关系而改作：吾与彼为中表，或：吾于彼，中表也。这些词语用得合式不合式，往往是初学的人所遇到的一个难题。解决这个难题，只能倚靠多多接触文言，慢慢养成习惯，恐怕没有简捷的方法。

这里所提到的词藻、典故，并不一定是说像骈文那样丰富华靡的词藻、典故。但在实用的文言中毕竟有些不可或少的要求。比如同样的字不宜一用再用，必须变换一些。举个浅近的例子。比如写信的套语：欣悉尊体绥和，曷胜欣慰。重用一个欣字，不独词藻太贫乏，语法也有不妥。那欣慰改成快慰、忭慰，就好多了。词藻的变换也不能全靠同义语。凡意义相近的词汇，细辨起来，仍有轻重缓急的差别，使用得分寸恰合也是有必要的。至于常用的典故，用得适当，可省去许多周折，又可以增加文章的活泼。也是文言中显著的特色。这些都有必要自己留心学习。

（五）

任何学问知识不能离开读书。读书若没有适当的方法，也必至劳而少功。

古人对读书方法有不少有用的启示。但在今天说来，却不一定都是适用的。因为我们今天的要求与古人不同。在各种不同的情况下，不能执一不变。比如古人往往强调精读熟读，其实精读熟读是为已经有相当基础的人说的，并不一定是入门的好方法。

作为一个初学的人，最好是训练自己快读的能力。不拘什么书，尽量用高速度阅读，在短期内发现其中最感兴趣的部分，抓住了这一部分，这就为我所用了。那不感兴趣的部分，听其滑过，是不妨的。凡是古书都不会绝无字句上的困难，初学的人更不用说了。假如每逢不懂的地方都要寻根究底，非解决不放过，那就一辈子没有几部书好读了。其实只要懂那可懂的，不懂的暂不理会，收获就已经不少，读书的作用也不过如此。用这样的方法去读书，才可以提高效率，扩大成果，书为我用而不至我为书用。

一部书经过快读以后，即使吸收其中一部分，当然印象不会很深，不能巩固。这也是不足虑的。读到其他的书，又遇到同类的部分，自然会加一层巩固。经过相当时间，也许再重读那第一部书，那就更加一层巩固了。所谓精读熟读，就是这样积累而成的。若误认抱一部书死读才是精读，那未免过于呆滞了。

至于作为一个专门学者，那么，他是不能求速的，有些书不仅要精熟而且要钻研深透。这又当别论。但是作为一个专门学者，他也仍要广泛阅览，仍要从自己的兴趣发展。如果首先不能发现自己的兴趣，任何事都不会成功。

（六）

这里可以介绍一个练习文言的方法，就是写日记。

过去学作文总是学作论说，这是不合实际的。论说非有学问见解不能作，当然不是初学的人所具备的条件。何况这是在旧时代里考场用得着的，今天又有什么用处呢？在实践的生活中哪有用论说文的机会？光阴耗在这上面，是不值得的。

在今天的条件下，莫妙于借写日记作练习，因为日记可多写可少写，可专写一事，也可连写若干事，可合也可分，可记事也可发抒感想和议论。丝毫没有拘束，也不至艰于下笔。吸收了什么新的东西，就可以随时使用出来，日积月累，自然用之不竭了。

开始练习日记时不妨自己以意为之，及至下笔能够不感困难，即是兴趣提高的时候，这时可以看看前人的日记，作为借镜。最好的日记范例是陆游的《入蜀记》，他每日所记的事丰富而有条理，文字兼有畅达、生动、美妙之长，语法习惯代表近代的一般文言，而又饶有典雅气息，这些都正是我们所需要学习的。至于近百年来的名人日记，出现的不少了，由于他们的环境身份，各有不同的意图，虽然都可以扩充知识，却不适合初学的人阅读之用。

五、文言应用范例

语体文言对照的范例

初学的人，阅读文言或者不太困难，而写作文言的能力是必须因势利导、逐步养成的。怎样帮助养成这种能力，虽然没有一定方法，但若先从一般语体变成文言入手，不失为一种简便适用的练习。

为了同时照顾实用起见，这里采取书信的方式，作了十篇对照的范例，内容都是有关日常社会生活的。先用语体写出，然后变成通用的文言形式，但并不是呆板地翻译。因为所注重的只是将同样的意思用适当的文言形式表达出来，而不在于逐字逐句地对比。

读者可以通过这些范例看看文言怎样变直率为委婉，

变干枯为漂亮。如果触类旁通起来，自由运用文言的能力是不难养成的。

这一部分也可以看作为本书的附录，聊备一格。

（一）约朋友旅行游览的信

某某兄：记得兄曾向我提议到某地去作一次短期旅行，当时我因事分不开身，而且气候条件也不理想，所以没有能实行，未免扫了你的兴。这件事我是经常放在心里的。昨天有某某兄来向我说起，目前有某旅行服务社正在组织到那边去的旅行团体，还有很多空额，费用不算太贵，据说是每人某某元，某天可以来回。路程的安排可以包括附近所有的名胜区，特别是那有历史价值的某寺院，不独风景之优美在这一地区中可称首屈一指，尤其以留客住宿处之雅洁著名，至于饮食之别有风味，更不在话下。这些事也许你是不在乎的。但既是为了休养而游览，首先需要舒适安静，方才不负此一行。我想你也很厌烦这城市生活了。即使短短几天换一环境也是不为无益的。不过必须从速决定，迟了就赶不及，我已经代你付了报名费。好在为数不多，不必挂齿。万一你因事不能参加，只请速来一信，仍可收回部分，没有什么损失。若是同意，就连回信也不必，请在某日以前到我家同去就是。别的不再多谈了。

【文言】

某某吾兄左右：前者， 兄曾言及有意相约同赴某地小游，彼时弟因琐事羁身，未能应召，亦以其时气候于出游非宜也。有拂 雅意，至今耿耿[①]。昨有某君来访，得悉某旅行服务社日内正有集体前往游览之举，余额尚多，费亦不昂。人[②]约某元左右，某日可归。据所定路程，附近各名胜区均包括在内。就中尤以有历史价值之某寺院为引人入胜，非独景物之幽奇足以游目骋怀也，即以食宿二者而论，寓处既洁无纤尘，烹饪亦别有风味，老饕[③]闻之，最觉忍俊不禁[④]。固知 兄之所好不系乎此，然既为休养计，亦不可不力求安便适体，方不负此行。意者， 兄久厌尘嚣，即数日清闲，亦不为无裨[⑤]，敢以奉商。但为期甚迫，迟恐为人先登，已代将报名费付讫，戋戋[6]之数，不劳　挂齿[7]也。万一　兄为事阻，即请　迅赐一示，已付之费仍可收回若干，不致全付东流[8]。否则不必复函，迳请　台驾于某日某时莅舍，携手同行[9]可也。余不一一，敬候即祉[10]！

弟

某某启

【注释】

① 耿耿是心里经常记挂不安的意思。

② 每人可简称为人。

③ 贪馋好吃的人。

④ 忍俊不禁是自己控制不住的意思。

⑤ 裨益二字可以通用，无裨也可以改作无补。

⑥ 戋戋形容不多。

⑦ 不劳挂齿就是不值一提。

⑧ 付东流就是损失不能收回。

⑨ 携手同行是《诗经》的成语。

⑩ 这信当然是在本地发的，所以用即祉作问候语，即就是

即刻的意思。

这封信的内容，主要是将自己所准备的计划告诉对方，让对方有所选择决定。因此，要说得简明而周密，同时，也要委婉动人，使对方有亲切之感。这里所假定的双方关系是平等而比较熟识的，所以也不用过分客气。

文言书信，凡涉及对方的字句，应提行或空格写，若涉及对方的尊亲更应抬高一字。涉及本身的称呼，则应稍偏写。

（二）报告旅行见闻的信

某某兄惠鉴：埠头话别，彼此都有依依之感。回想几年以来，大家相处得这样熟了，一旦分离，虽说人生聚散无常，在今天的世界中，距离缩短了，见面并不难，无奈知己不能早晚同在一处，总是一件恨事。

我现在略略将行程经历报告你听。这一路的海上生活和风景是你所熟知的，没有什么特别。只在经过某埠时，有一段奇遇，不可不让你知道。这天船到某埠，约有半日停泊，我为了寻点消遣，也跟着大伙上岸，他们看朋友的看朋友，买东西的买东西，只我举目无亲，方言不懂，无非在街上闲游而已。不料耳边忽听有人叫我的名字，正在诧异，茫然四顾，那人走到跟前，仔细一看，原来就是我们的老同学某君。已经多年不通消息了，他还有点认识我，正在将信将疑，姑且叫我一声试试，彼此认了出来，都觉异常高兴。当时就承他引导我游览公园，并且喝了一次茶，本地风光，颇又使人留恋，可惜船要开了，不能耽搁。他细细问了你的近况，再三嘱我向你致候。至于他的情况，一言难尽。总之，由于他的毅力和天才，居然历尽艰难而获得成功了，可喜可佩。以后再向你细谈吧！

【文言】

某某兄惠鉴：邮亭折柳[①]，不尽依依，彼此想同之也。回思数载以来，朝夕过从[②]，忽焉暂别。萍踪[③]聚散，固属人生之常，居今之世，更无异有缩地[④]之术，重亲　言笑，亦非难事，然知己不能得同在一方，多获切磋[5]之益，终不无遗憾耳。旅程所经，皆 兄旧游之地，无俟缕述。惟舟泊某埠，有一奇遇，不可不为 兄告。是日以解维[6]有待，姑[7]随众登岸一游，弟举目无亲，又不谙方言，踯躅[8]街头，正无聊赖，突有呼贱名者，声达耳中，默自骇怪，不知从何而来，茫然四顾之间，其人已趋而前，细辨之，乃吾辈旧同学某君。别有年矣，犹依稀相识，彼因亦未敢遽信为吾也。握手话旧，无任欢然，承其引导游园，瀹茗[9]促膝，旷观景物，致足移情。惜晷[10]短不能久留，草草又成劳燕[11]。渠细询吾 兄近状，郑重属为道候。至渠之经历，一时非楮[12]墨所能详，总之，其天才与毅力足以使之排艰阻而履亨途[13]，殊堪佩慰，容他日为 兄罄之。得暇望以数行示我，俾释远念。诸惟 珍重不一。

弟

某某手上

【注释】

① 邮亭即亭驿，是送别的地方，折柳赠行是古代的习惯。

② 过从、往还，都是相互访晤的意思。

③ 萍踪比喻人生离合像浮萍在水面一样，东飘西荡。

④ 缩地是传说中神仙的法术。

⑤ 切磋出《诗经》：“如切如磋，如琢如磨。”是相互提高品质和学问的意思。

⑥ 解维、解缆、启碇，都是启航的意思。

⑦ 姑，是说无可奈何，只可这样。

⑧ 踯躅是行路迟缓和没有明确目标的意思。

⑨ 瀹茗就是泡茶。

⑩ 晷是时光的意思。

⑪ 古诗有“东飞伯劳西飞燕”之句，伯劳是一种鸟名。这句话含有彼此分手的意思。

⑫ 楮是一种树名，皮可造纸，所以可作纸的代称。

⑬ 亨途就是顺境。

（三）劝诫朋友的信

某某吾弟：又有多时不通信了。这应该怪我太懒，我必须先向你道歉。但是我对你的动态是时刻关心的。每逢故乡人来了，只要和你有点认识的，总要问问你的近况。第一使我放心的是府上令尊令堂以下都健康良好，你本身也一切如常。在远处的人听到这些话，已经好像重回故地，与旧日知交相见谈心了。

但是人的希望是得寸进尺的，我不只希望你一切如常而已，还愿意知道你是怎样突飞猛进，日新月异，无论在事业上，在学识上都表现长足的进步，那高兴的就不止我一人了。因为我和你交情不比寻常，期待你的心思，比期待我自己还要超过一些。希望你培养起雄心大志来，不要把光阴虚度了。

我在这里也只是勉力支持，环境实在不如人意。因此抱定洁身自好的宗旨，别人倒也不嫌我孤冷。有人说起你近来有以赌博消遣的习惯，不知确否。或者你是为了应酬而不得不随俗吧！但是只怕日久被这种不良习惯缠住，就不能脱身了。我所见到的这类事太多，望你特别注意，至盼至盼。

【文言】

某某吾弟如晤：不通笺讯[①]，又已逾时，疏慵[2]之咎，何容自恕！惟是　动定一切，无时不在念中，每遇故里人来，但令与吾　弟略有渊源，不佞[3]必详加探问，冀能藉悉　佳况。闻其述及　尊府自　令尊　令堂以次皆康强逢吉，吾　弟亦一是如恒，羁旅[4]之人，斯言入耳，即不啻重回桑梓[5]，与旧日知好把臂论心，快何如之！虽然，人固不甘于故步自封者，以吾弟　之才，又岂仅以守成为可喜哉？吾尤望其发扬蹈厉，日起有功，以之治事则愈宏，以之治学则愈富，则为之欢欣鼓舞者，且不独不佞一人矣。忝在素交，所以期诸吾　弟者，不觉其殷切之甚，所望珍惜有用之光阴，勿自暴弃也。鄙人在此，勉力因应而已，颇有不如人意者。故决意抱定洁身自好之旨，人亦渐知其素尚[6]而不以冷僻相讥。微闻有人议及吾　弟近染樗蒱[7]之好，未敢遽以为信。如其有之，殆亦牵于世俗酬应不能立异耶！所虑一沾痼习[8]，即难摆脱，平生所见陷溺于此者甚众，故不惮肆言之。谅贤者不以为忤耳。别久思深，涉笔觍缕[9]，诸惟　珍重！

某某启

【注释】

① 笺讯即通信之意。

② 慵，懒。

③ 对人称弟，若自称兄，未免太不客气，不佞二字则对长辈、平辈、晚辈都适用。

④ 羁旅就是作客。

⑤ 桑梓就是故乡。

⑥ 素尚是平生志趣。

⑦ 摴蒱就是赌博。

⑧ 痼习是说成了嗜好。

⑨ 覙缕是琐碎的意思。

这是假定一个年轻朋友染上赌博恶习，加以劝诫。逆耳之言，不易为人接受，可能因此损坏友谊，所以首先表示自己深深关切，继而表示对于对方的期望，又继而表示自己的洁身自好，暗暗讽示。末了作为传闻之言，替他开脱几句，才点明赌博之害。这样在正文上轻描淡写，而旁敲侧击，更加显明，也不至于使对方感觉难堪了。

（四）答复劝诫的信

某某先生：正在想问候你，你给我的信倒先来了。一方面使我惭愧，另一方面也很欢喜，因为知道你一切都好，这是最使人欣慰的。

来信情深意厚，不同寻常，再三捧读，真使我感激涕零，无言可喻。人生在世，得一个知己已不容易，得一个良师益友也很难，两者兼得就更难了。你一方面勉励我，这说明你是不鄙弃我的，认为我还是可以造就的。凭这一点，我就应当加倍努力，以求不负知己。至于那纠正我的错误的话，不问别人所传的是否正确，总之，你肯对我直言告诫，就对我有莫大之益，使我随时提高警惕，有则改之，无则加勉，岂不是成全我得更大吗？所以需要良师益友就是为此。

我在这里郑重向你道谢了，以后仍望不断赐教，感激不尽。

你在异地远游，总以保重身体为要。其他都不必介意。蛟龙得云雨是要遭遇时机的，一定可以盼望到这一天。下次得便，想托人带一点故乡土物，藉以表相念之意。不尽之意再谈吧！

【文言】

某某先生左右：正拟奉候，乃荷　先施[①]，愧悚[②]之余，得谂[③]　台躬[④]康胜，兼用为慰[⑤]。来示情意深厚，逾越寻常，雒诵[⑥]再三，感激之私，无言可喻。尝谓人生得一知己固难，得一良师益友尤不易，若二者兼而有之，岂非难之中又有难焉乎？　公之谆谆[⑦]诫勉，足以知　公之不相鄙弃，谓可造就。即此一端，不佞自当益自策励以期无负知己。至于责我云云，姑无论人言果确与否，要之，得　公直谅[⑧]相待，即为益莫大焉。使不佞[⑨]随时自警，有则改之，无则加勉，所以玉成[⑩]我者至矣。人之所以相需于良师益友者，正为此耳。敢不拜　嘉[⑪]！继此以往，仍祈　源源赐教，无任企盼。客游之中，倍宜珍摄，其他无足介意，蛟龙云雨，腾达可期，尚望静以俟之。稍缓拟托人略致故乡所产，藉表微忱[⑫]。临笺[⑬]不尽凄凄[⑭]。敬颂　旅祉[15]！

某某敬启

【注释】

① 先施是我还没有去信，你倒先来信了。

② 悚是恐惧的意思，愧悚往往联成一词。

③ 谂（谛）是知悉的意思。

④ 台躬即尊体。

⑤ 兼用为慰即并以为慰。

⑥ 雒诵语出《庄子》，即诵读之意。

⑦ 谆谆形容再三叮嘱。

⑧ 直、谅、多闻是孔子所说三种益友。

⑨ 不佞是谦称不才、不肖的意思，无论对长辈、平辈、晚辈，客气点都可以此自称。

⑩ 玉成就是成全的意思。

⑪ 拜嘉是拜谢你的好意。

⑫ 微忱即微意。

⑬ 临笺即预备写信的意思。

⑭ 凄凄形容恭敬而诚恳。

⑮ 旅祉，祝人在旅居中的幸福，对方在外地即可用此作敬语。

这封信是假定接受劝诫的。先承认劝诫是出于善意，表示感谢。这是对待批评的正当态度。至于所指责的那一点，也只轻轻带过，不加辩护，更显得磊落大方。最后针对来信，也说几句酬应的话，就照应周到了。

（五）向人求贷的信

某某先生：现在有件小事，想请求你帮帮忙。可是很不好意思开口，没有法子，经过反复考虑，只有你是把我们当自己人的，不向你说，又向谁去说呢？事情是这样。我们家里去年为了急需，曾经将先世所藏的一件某某某画押给某君，得以渡过一时难关。本来，再过一个时期，我们可以凑齐一笔钱，了此债务。其实对方也并没有催我们。不过听说他要有远行，我们深恐错过时机，即使到期备价赎还，方一彼此情况发生变化，就不好办了。为了爽爽快快一了百了，不如早点赎回的好。好在当初说过是可以随时赎回的，字据上载明，不能发生异议，而且某君倒也不是怀有恶意的。我们并非以不肖待人，所怕的是人事变迁不能预料。你一向关怀我们，你看这意思对吗？现在所苦的是目下还差一部分不能应手，事情又是不宜于耽误的，可否请你暂挪某某元帮我们把这件事办妥？只要再迟二三个月，某处的一笔款项收到，即可奉还。如蒙慨允，应办手续，请你指示，无不遵办。

【文言】

某某先生惠鉴：兹有奉商者，夙承 关爱，情谊之殷，有同骨肉。舍间各事亦无不在洞鉴之中。客岁因应付急需，曾将先世所藏某某某画向某君押借一款，得济燃眉[①]。其实稍迟时日，不难备价赎回，仍是楚弓楚得[②]，且前途亦并无催索之意。惟以传闻某君不日将有远行，所虑日后两地悬隔，难保情事变迁，致难措手。为一了百了计，不如提前偿清此债，收回原件，以防意外之葛藤[③]。所幸当时原约固可随时赎回，料不致别有异议。弟等对于某君并非敢以小人之心度君子之腹[④]，只以人事固有难于预测者，不得不审慎出之，谅　执事知我素深，或不以为谬也。惟目前百计张罗，尚有功亏一篑[5]之虞，时机紧迫，可否俯赐　鉴谅，暂挪某某元玉成[6]此举。两三月后，敝处略有所入，即当归赵[7]无误。倘蒙　惠允，一切自当照例办理，谨候　指示，无不遵　命。敬希照察。顺颂　时祉[8]。

某某敬启

【注释】

① 燃眉，火烧眉毛，是十分紧急之意。

② 楚弓楚得是古代成语，借作仍归自己所有之意。

③ 葛藤比喻事情纠缠不清。

④ 以小人之心度君子之腹，语出《左传》，意思是以不肖之心待人。

⑤ 功亏一篑，语出《论语》，比喻还差一点不能成功。

⑥ 玉成，帮助成功。

⑦ 归赵，借用蔺相如完璧归赵的故事，指偿还不欠。

⑧ 顺颂时祉是对平辈、晚辈，或不甚尊敬的长辈都可以用的结尾敬语。不问一年的春夏秋冬或一日的早晚都可

适用。

向人求援助的信，最要紧是说出切实的办法，让对方根据所提办法，加以考虑。首先，当然也要动之以情，使他难于推却，再加上所说的都是事实，就能加强信的效力了。因为这不同于应酬信，所以不必用虚文套语，但口气总要十分和婉。

（六）辞谢代人经手事件的信

某某先生：承你委托将某某代觅受主。曾经向几处熟人都询问过，昨天有某君来看了货，据他说：这件东西有一两处缺点，未免减色可惜。但即使没有这点缺陷，也不能估到那样的高价。我对于这事不甚内行，此人所说，是否有几分可靠，我不敢赞一词。只因为日已久，问津的人不多，也总没有肯给价的，我想不如仍请收回，另请可靠的人参论一下，再决定办法。我并不是推卸责任，正是因为承你不弃，郑重托我，恐怕耽误了事，有负委任，所以率直向你建议，希望你能谅解。

贱体近来颇呈衰弱之象，经常失眠，以至精神倦怠，记忆减退，医师力劝休养。我因为许多事还摆不开，一时谈不到完全静养。但如果长此不愈，恐怕也只好考虑迁地疗养的问题了。承你关切，顺便奉告。

【文言】

某某先生左右：敬启者，承　属将某某代觅售主，遵即多方询问，冀有以报　雅命。昨有某君前来，详加察视。据云此物惜有一二微瑕[1]，未免减色。然即使无此缺陷，距所开之价仍属过远。弟于此道本非当行，此君所言究有几分可信与否，未敢赞一词[2]。惟以为日已久，而问津[3]者又复寥寥，偶有过而问者，告以标价，辄掉头而去。鄙意不若仍请收回，另邀笃实之行家参论定夺。弟决非推诿，正因　执事殷殷付托，诚恐迁延[4]误事，致负　委托，故敢据实奉陈，想不以为谬也。再贱躯近日益形衰弱，夜寐不宁，精神日短，医者皆谓积劳所致，力主休养。因经手各事丛脞[5]待理，难于摆脱，谢绝一切，势未可行。但若长此无起色，则恐亦不得不思迁地以资静摄耳。夙承　关注，附以奉　闻。敬颂　大安，诸祈　亮察。

某某敬启

【注释】

① 瑕，疵病。

② 未敢赞一词是不敢表示可否的意思。

③ 问津是《论语》中的一个典故，借用为探问价值之意。

④ 迁延，耽搁。

⑤ 丛脞，忙碌。

凡是拒绝对方委托的信，很难措辞。一方面要推卸干净，不宜拖泥带水，一方面又要婉转不得罪人。这封信的对方不是十分有交情的，在礼貌上应当特别客气，但措辞不妨稍微直率些，方能将事情说清楚。而且在情理上既然不能代人办到，还是请他另外设法，免得误事，也是很正当的道理。

又：在这种情况之下，可以不讲虚文，直接提出所要说的话，用敬启者开头也就够了。

（七）答复求荐事的信

某某先生：接到来信，知道你近来的情况，深在念中。急谋工作，当然是最要紧的，凡属好友，都义不容辞，应当尽力留意。即使你不吩咐，我们也决不能漠不关心。不过来信说要我写信给某君介绍，这一层不能不稍费踌躇。为什么呢？首先，我和他本来交情不深，近年因为各走一条道路，接触的机会更少，突然为了推荐你而和他通信，未免叫他觉得离奇。其次，听说近年他的左右有一班人包围了他，帮口很紧，轻易不让外人打进去。如果冒昧从事，不成倒也罢了，即使成功，事情也不好办。为你打算，也恐怕不是一策。

据我想，以你的大才，前途不可限量，一时的挫折，算不得什么。很可能就有机遇在目前，用不着求人，人就会求你的。不过既然承你委托，我当然应该尽量效劳，纵然不发生效果，想你知道了上面所说的这些情况，也必不会怪我不尽力的。倘然遇着可以向某君进言的机会，我自当注意进行。

【文言】

某某先生惠鉴：接奉　来示，备悉　清况[1]，深在念中。此时自须急谋高就，凡属友好，自应尽力留意，纵无　雅命，亦无漠视[2]之理。惟　尊意欲弟致书某君推毂一节，颇费踌躇。一则以彼此交情本只泛常，近者南辕北辙，更疏接触，贸贸通函，未免突兀。二则微闻[3]其左右朋比胶固，伐异党同[4]，外人殊难插足，不独言之无效也，即使允为位置，将来掣肘之患必多。为　执事借箸[5]筹之，亦非计之得者也。鄙意　桀桀[6]大才，无久赋闲居[7]之理，暂屈　骥足[8]，何庸介怀？仆料遇合即在眼前，匪我求童蒙，童蒙将求我[9]矣。但既承　委属，自当惟力是视[10]。即使谋之不臧[11]，谅　公了然于上述种种，亦必不见责。拟俟有可向某君进言之机会，姑一试之。专复布臆[12]，藉颂[13]　大安，诸祈　鉴察！

弟某某启

【注释】

① 清况，指对方不甚得意的景况。

② 漠视，不关心。

③ 微闻，好像听说。

④ 朋比胶固，打成一片；伐异党同，排斥外人。

⑤ 借箸，用《汉书·张良传》的故事，指代人打算。

⑥ 槃槃形容才力优越。

⑦ 赋闲居指失业，借用《文选》潘岳作《闲居赋》的故事。

⑧ 骥足比喻人的大好前途。

⑨ 匪我求童蒙，童蒙求我，语出《易经》，意思是我不必求人，人会求我。

⑩ 惟力是视是《左传》的成语，尽力办到的意思。

⑪ 谋之不臧是《诗经》的成语，办得不好的意思。

⑫ 布臆是敞开说话的意思。

⑬ 藉颂大安，是在述说一件事之后顺便问候的意思。

这种求人荐事的信，很难答复。因为对方在困难中，不能生硬地拒绝其请求，但事实上又办不到，则必须先表示一番关切，然后宛转说明不能照办的原因。最后仍说几句普通的安慰话，对方明知是敷衍，当然也不会再来纠缠的。

（八）祝寿的信

某某先生左右：下月某日，是你的老太爷老太太七旬双寿。料想府上定有一番热烈的庆贺，亲族知交都必同声称祝，而两位老人也必怀着愉快的心情接受大家的敬意。

在今天看来，七十岁是不算老的，以后每十年祝一次寿的日子还多着呢！像两位老人这样身体康健，儿孙绕膝，家门鼎盛，欣欣向荣，已经是世上不容易获得的全福了。特别是先生能够仰体老人的心意，不仅使他们得到物质上的幸福，还能看到下辈都以品德和学业取得隆隆直上的声誉。这才是最能得到父母欢心的事，也是别人所最羡慕的。

在府上这样的盛况中，平常祝贺的礼物都微渺得不足道了。而且我现在的一片祝贺热忱也不是任何物质可以表示的。加以道远，寄递不便。至于诗文联语，我的才学浅陋，又不敢献丑。因此，我想不如免去俗套，还是直率地用书信以代面祝吧！料想不会怪我短礼的。谨此再向堂上二位老人致敬致祝，并向阖府道贺！

【文言】

某某先生台鉴：来月某日，恭逢　老伯暨伯母七旬双寿，遥想亲宾满堂，杯觞竞举，　二老顾而乐之，必有非常盛况。当今之世，七十亦不过大年之初桄[①]，继此以往，日升月恒[②]，何有限量？如　二老之康强逢吉[③]，庆祉骈臻[④]，固已为人世稀有之全福。加以　公等善于养志[⑤]，不徒以世俗之荣华寿其亲，尤能使其亲见庭阶兰玉[⑥]，蜚声腾实[⑦]以博其怡悦，此则弥可企羡者也。然则寻常致祝之仪物，既相形而不足道，区区之忱亦非循例之举所能宣罄，又况远道赍[⑧]寄维艰，以下走之謭陋[⑨]不文，更不敢操觚率尔[⑩]，以贻不诚之诮[⑪]。思之再三，不如蠲[⑫]去浮泛，迳以短笺表我微意，简略之愆[⑬]，当蒙　鉴谅耳。谨此驰叩　侍祺[⑭]，顺贺　潭庆[⑮]！

某某谨启

【注释】

① 初桄譬如梯子之第一级。

②《诗经》：如日之升，如月之恒，是多福多寿的祝语。

③ 身其康强，子孙其逢吉，语出《书经》。

④ 骈臻是一齐来到的意思。

⑤ 养志是说能得父母的欢心。

⑥ 兰玉是芝兰玉树的省略，比喻佳子弟。

⑦ 蜚英声，腾茂实，语出韩愈文。

⑧ 赍，即送。

⑨ 谫陋，即浅陋。

⑩ 操觚率尔语出《文选》，是随便下笔的意思。

⑪ 诮，讥诮。

⑫ 蠲，免去。

⑬ 愆，罪。

⑭ 侍祺是祝人在父母膝下的敬语。

⑮ 潭是形容第宅的深广，一般称人的全家为阖潭，潭庆即全家喜庆的意思。

祝贺对方父母的寿辰，本来是一种社交仪节，但亦以删除俗套，表示诚意为好。当然，辞令要华美热闹些，不可杂有不吉利的字眼。

（九）谢为父母祝寿的信

某某先生赐鉴：前月家父母七十生日，本是不敢惊动诸位的。承你老先生来信，赐以祝词，还要十分客气，使我万分不安。你这番盛意太好了。不是知道我家情况而且相待如此之厚，不能这样恳切，这岂是物质的礼物所能比呢？不是比任何珍贵的物品更有价值吗？不过你对于我们夸奖太过，这虽是你老先生见爱，无奈区区断不敢当。只可随时随事勉励自己努力向上，敦品励学，虽不能显亲扬名，也总要不辱没家声，免得辜负了你老先生的期望。

我已经把你的来信读给家父母听了，他们都深深感谢你这番亲切的盛意，并且吩咐我郑重给你道谢，还交代我：以后要时常向你叨教，以求增长学识。但不知道像我这样愚鲁的资质是不是可以教导。

再者，你年长于我们，是我们一向尊敬的，以后请不要过分谦虚，使我们更加不安，希望不要见外才好。

【文言】

某某先生赐鉴：敬启者，前月　家父母七十生辰，恪遵训谕，不敢烦渎　诸长者。乃蒙　朵云下贲①，吉语联翩，称谓之间，过于谦抑②，尤非所克当。循诵再三，愈觉词意恳切，不似泛常，非于寒家相知有素，而又相待至厚者，焉能及此？百朋之锡③，何以加兹？又岂物质之珍所可同日而语耶？惟是　台示于不肖等奖饰过情④，虽云我　公见爱，其奈无盐陋质⑤，不堪被以锦绮何！抚躬循省，惟有勤勤自勉，敦品励学，夙夜不解，纵不能显亲扬名，亦庶几无坠家声，免为　长者羞耳。　赐函谨已呈诸堂上，双亲均深感厚意，命不肖郑重致谢，并谆谕不肖以后必应随时求赐训诲，以期增长学识。特不识愚鲁无能如不肖者尚堪策驽马十驾⑥之功否耳。专此布臆⑦，并申谢悃⑧，敬颂　起居，诸惟垂誉。

某某谨启

再：我　公年长，夙所尊事，此后祈勿再过自㧑谦[9]，增我惶愧，务乞勿见外为祷。

【注释】

① 朵云形容华美的文字书信，下贲是下降的意思。

② 谦抑是客气的意思。

③ 百朋之锡是十分隆重的礼物赏赐。

④ 奖饰过情是说过分夸奖。

⑤ 无盐是传说中最丑陋的女性，比喻自己姿质的钝拙。

⑥ 驽马十驾是说虽是驽马，只要勉力前进，也可以赶上骏马。

⑦ 布臆是竭诚陈说的意思。

⑧ 在写谢函的时候，总要带上敬鸣谢悃、谨布谢忱这类话头。

⑨ 㧑谦也是谦抑的意思。这是说对方来信的称呼太客气。这封信的语气是将对方作为尊长看待的，但也不是真正的尊长。如果真是尊长，应该将先生改为仁丈，我公改为吾丈。如果与上辈有交情，则仁丈还不够，应改为老伯。

这是应酬文字的一个范例。对方为自己的父母祝寿，理应回信致谢。本来可以用空泛的套语，但为了表示尊敬诚恳的意思，仅说对方的情意怎样隆重，还是不够，再表示一下希望随时指教，分量就重得多了。

（十）吊慰遭父母丧的信

某某兄：许久没有通信，正在想念。昨天忽在报纸上看到伯母大人辞世的哀耗，不胜惊讶。他老人家一向身体康健，我们正以兄等能在膝下承欢为可欣羡，不知这次是几时欠安，因何竟致不起。兄孝思最深，遭此大故，定然哀痛倍常。但是人生寿数是有一定的，他老人家享年也不小了，又眼见家业兴隆，丁口旺盛，人生的福分再没有比这更美满的了。含笑归天，可以毫无遗憾。兄还有重要责任在身，许多公私待理的事，要以双肩来担荷，切不可过分伤痛，以致反而使老人在天之灵不安。是我所恳切希望的。路途遥远，非但不能亲自前来拜奠，即使一点微不足道的敬意也无法寄上，区区之心，只有请你原谅了。

【文言】

某某兄礼次[1]：久疏笺问[2]，正切驰思。昨于报端骇悉　伯母仙游，不胜悲悼。伏念　慈躬夙称强健，弟等正以　贤昆季[3]承欢膝下爱日方长，深为欣羡，不审此次何因遘[4]变。我　兄孝思纯笃，丁[5]此大故[6]，摧痛[7]可知。惟寿之修短[8]固难逆料，　伯母春秋[9]已高，目睹门庭集庆，椒衍瓜绵[10]，人生福分如此，亦可谓遗憾毫无者矣。况我　兄承家事重，百端待理，切勿哀毁逾节，转使　在天之灵或有不安，是为至要。川途间阻，非特未能躬亲献奠，即戋戋束帛[11]之敬亦无从寄奉，耿耿此衷，惟祈　鉴谅。专此布唁，即承孝履[12]。

弟某某顿首

【注释】

① 对居父母丧的人不能称阁下、左右、台鉴等等，以称“礼次”为妥，即丧次之意。若是新丧不久，则用“苫次”。非父母之丧，则都不能用，但用一“鉴”字较妥。

② 笺问即书信之意。

③ 昆季即兄弟之意，略带敬称。

④ 遘，遭遇。

⑤ 丁，当。

⑥ 大故，指父母之丧。

⑦ 摧痛，摧伤悲痛。

⑧ 修短，长短。

⑨ 春秋，年岁。

⑩ 椒衍瓜绵，以椒与瓜比喻子孙之兴盛，语出《诗经》。哀毁指过分的悲哀以致有伤身体。

⑪ 戋戋束帛，古语指微小的礼物。

⑫ 孝履是对居丧者的问候语，平常用敬颂或敬请什么安，颂、请、安等字都不能用，必须改变一下。

吊唁的信不能用平常的客套，一般总是先表示自己的悼意，然后劝慰对方不要过分悲痛。再将逝者赞扬一番。最后道歉不能亲自吊唁。如果是十分亲近的关系，可以再详细问问身后的情况。不可牵涉到别的话。如果夹杂不关紧要的话的，那就是失礼。写这种信必须用素笺，不能盖红色印章。